KB159577

고전 vs 고전

고전 VS 고전

–더비매치식 고전읽기의 매력에 빠지다

2021년 2월 5일 초판 1쇄
2024년 2월 13일 초판 2쇄

지은이 장인용
펴낸이 장의덕
펴낸곳 도서출판 개마고원
등 록 1989년 9월 4일 제2-877호
주 소 강원도 원주시 로아노크로15, 105-604호
전 화 033-747-1012
팩 스 0303-3445-1044
이메일 webmaster@kaema.co.kr

ISBN 978-89-5769-478-7 43000

더비매치식 고전읽기의 매력에 빠지다

장인용 지음

개마고원

고전 읽기의 새로운 맛

보통 고전이라는 말을 들으면 '무겁고 딱딱한 책' 또는 '많은 사람이 뜻깊게 읽은 책'이란 두 가지 의미를 떠올립니다. 일반적으로는 전자가 우선 드는 생각입니다. 그만큼 좋은 고전 읽기를 강요했기에 중압감을 느낀다는 것이겠지요. 사실 고전의 의미는 두 번째 의미에서 찾는 것이 좋습니다. 그렇지만 독서력이 짧은 사람에게 무조건 고전을 들이미는 것도 좋은 방법은 아닙니다. 운동을 할 때도 처음부터 무거운 무게를 들 수 없는 것처럼 글이나 책도 읽는 '근육'이 생겨야 조금 어렵더라도 수월하게 읽어낼 수 있습니다.

처음 출판사에서 고전을 짝지워 글을 써보지 않겠느냐는 이야기를 들었을 때 쉽게 대답한 것은 그리 어려운 일이 아닐 거라고 생각했기 때문입니다. 책을 읽는 것이 직업인 생활을 오랫동안 해왔고, 세상에 고전은 많고 많으니 그렇게 대립 쌍을 만드는 것도 어렵지 않다고 생각했습니다. 다룰 책들을 고르는 데 있어서 우선은 문학, 사회, 역사, 과학의 네 영역을 두고 각기 두 책을 한 묶음으로 소화하는 것을 기준으로 삼았습니다. 두 책을 한 묶음으로 소화하기, 이른바 '더비매치'식 고전읽기인 셈입니다. 동일한 영역 또는 주제를 다루되 서로 다른 방향의 입론, 때론 전혀 반대의 주장으로 나아감으로써 대조 또는 대립의 모양새를 보여주는 두 책을 연달아 읽는 건 나름 신선한 경험입니다. 두 책의 핵심이 상호 대비를 통해 보다 쉽게 파악하게 되는 이점이 있기 때문이지요. 게다가 같은 사안이나 문제에 대해 매우 다르거나 맞서는 시각의 두 책을 읽다보면, 우리가 접하는 사물이나 살아가는 세상을 쉽사리 일도양단식의 편벽된 관점으로 보지 않게 되는 균형감도 얻게 됩니다.

그런데 막상 출판사가 샘플로 준 목록에 제가 생각한 책들을 끼워 넣고 읽어가기 시작하자 금세 그것이 그리 쉬운 일이 아님을 깨닫게 되었습니다. 이미 읽어 안다고 여겼던 책이 막상 다시 펼쳐

보니 머릿속의 그것과 사뭇 다르기도 하고, 처음 생각한 대립적인 구도 역시 구체적으로 들어갈수록 핀트가 어긋나는 경우도 많았습니다. 결국은 고전을 다시 읽는 작업에 공을 들일 수밖에 없었는데, 그 과정조차도 순탄치 않았습니다. 본래 계획했던 것에서 몇몇 권이 빠지게 된 것은 코로나19로 책을 읽는 작업 환경이 나빠진 탓도 있습니다. 도서관이 정상이었다면 이 책이 조금 더 두툼해졌을 겁니다.

물론 기본적으로 고전 가운데 정말 오랜 세월을 두고 읽히고 지금도 여전히 읽히는 책들에서 고르려 했습니다. 그리고 우리나라 것과 외국 것 또는 동·서양의 균형도 맞추려 했고요. 그러나 그리 오래된 책이 아닐지라도 읽어야 할 가치가 충분하다고 생각하면 넣어도 무방하다 생각했습니다. 더군다나 과학은 그 변화가 빠르기 때문에 요즘 책을 넣을 수밖에 없었습니다. 『내 안의 물고기』나 『이보디보』가 들어간 것은 그래서입니다.

또한 그래도 청소년이 읽을 만큼 분량도 적당하고 내용도 어렵지 않은 책을 고르려 했지만, 목록을 보면 그렇지 않은 것도 꽤 있지요. 가령 앞의 두 과학책과 『맹자』나 『총, 균, 쇠』 『사피엔스』 『삼국사기』『삼국유사』 같은 책들은 읽기 어려운 면도 있을 겁니다. 그렇지만 책의 수준이란 꼭 읽는 사람의 나이에 비례하는 건 아니라는 게 제 생각입니다. 초등학생이나 중학생이 더 어려운 책도 너끈히 이해하는 경우도 많이 봤습니다. 이 책이 어차피 고전 이해에 도움이 되려는 바에야 그런 수준은 뛰어넘어야 한다는 것 또한 제 생각입니다. 그리고 나머지 책들도 수많은 사람들이 관련하여 책과 논문을 쓰고 학위를 받는 대상인 터, 결코 쉽다고 이야기할 수는 없는 책입니다.

고전의 세계는 넓고 깊습니다. 이들 고전이 인생을 살아가고, 삶의 의미를 일깨우며, 사고를 발전시킨다는 사실을 이미 많은 사람들이 경험했습니다. 그럼에도 고전 읽기는 쉽지 않습니다. 이 책에서 시도한 고전과 고전의 매치는 고전에 흥미를 갖게 하기 위한 한 방편이기도 합니다. 여기서는 지극히 일부 고전을 이야기하고 있지만, 고전에 일단 맛을 들인다면 인생의 가장 큰 즐거움을 누릴 수 있는 관문을 통과하는 겁니다. 이 세상에 읽을 수 있는 고전은 무척이나 많습니다. '고전 100선'과 같은 목록들도 많이 있지만, 자신이 흥미를 느끼고 읽어간다면 얼마든지 '200선' '300선'이 될 수 있습니다. 이 책을 접하는 여러분이 고전 읽기를 통해 그런 풍요로움을 얻을 수 있게 되기를 기원합니다.

2021년 1월

저자 씀

|차례|

1장

파브르 곤충기 VS 시튼 동물기

자연을 보는 시선

자연을 보는 시선

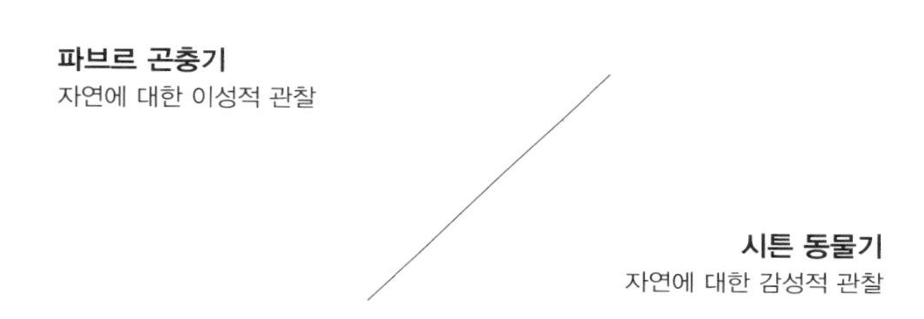

파브르와 시튼은 직업부터 다르다

서양 과학의 기원을 이야기할 때 곧잘 그리스의 아리스토텔레스를 비롯한 자연철학자들로 거슬러 올라가 이야기하기도 하지요. 하지만, 사실 오늘날 과학의 직접적인 뿌리는 거기까지 올라가야 할 정도로 오래되진 않았습니다. 아리스토텔레스가 동물원을 만들기도 하고 동물에 대한 관찰과 해부도 했지만, 그 전통이 근대 과학으로 곧바로 이어진 것은 아니기 때문이죠. 근대 과학은 인간의 관심이 신에게서 벗어나 자연으로 옮겨간 뒤 16~17세기 무렵 시작되었습니다.

시작은 천문학이었죠. 하늘의 별을 보며 천체들이 어떻게 움직이는지 관찰하게 됩니다. 그러면서 천동설이 무너지고 지동설이 등장했습니다. 인간의 관심은 천상만이 아니라 지상의 다양한 사물들에게도 향합니다. 마침 신대륙이 발견되고, 대항해시대가 열리면서 기존에 유럽인들이 알고 있던 세계가 확 넓어집니다. 아프리카 깊숙이 들어가고, 중앙아시아의 초원과 사막을 건너며, 동남아의 열대밀림을 지나, 태평양의 작은 섬들로 향했지요. 그러면서 매우 다채로운 지형, 지질구조, 동·식물, 기후 등을 만나게 됩니다. 이런 것들을 연구하는 학문이 나타났습니다.

이 학문은 영어로는 'natural history'라 하며 우리말로는 '자연학' 또는 '박물학博物學'이라고 번역합니다. 말 그대로 자연이나 지구 위의 여러 가지를 연구한다는 뜻이죠.(博物學에서 博은 '넓다, 많다'는 뜻으로 博物이란 곧 다양한 사물을 의미합니다.) 이 학문은 지질학·동물학·식물학·광물학 등의 과학 분야가 아직 분화되지 않은 초창기 모습이라 할 수 있습니다. 자연학자 또는 박물학자들은 산과 들과 흙과 바위, 식물과 동물들을 종합적으로 관찰했지요. 그러다 살아 있는 동·식물에 관해서는 종의 특징을 분류하여 계통을 세우는 분류학이 가장 먼저 시작되고, 동물을 연구하는 사람들은 동물학자로, 식물을 연구하는 사람은 식물학자로 나누어집니다. 동물 또한 여러 분류가 있으니 연구 대상에 따라 다시 분류를 하죠. 또 지층에서 지금은 볼 수 없는 동·식물의 화석을 발견하여 옛 생물을 연구하는 고생물학이 나옵니다. 그런 식으로 과학이 발전해

나갔습니다.

진화론으로 유명한 찰스 다윈도 당시 사람들은 박물학자라고 불렀습니다. 그가 탐사선 비글호를 타고 세계 일주를 할 때도 선상 박물학자의 신분이었죠. 다윈이 배를 타고 다니며 주로 한 일은 생물을 관찰하고, 화석을 캐고, 표본을 수집하는 것이었습니다. 그런 경험을 통해 진화론을 구상하게 되고 나중에 『종의 기원』이란 책을 펴낸 것이지요.

『파브르 곤충기』로 유명한 장 앙리 파브르와 『시튼 동물기』로 잘 알려진 어니스트 시튼은 이런 박물학자의 전통을 이은 인물들이라 할 수 있습니다. 곧 직접적인 관찰을 통해 자연을 탐구한 이들이죠. 파브르는 1823년에 태어나 찰스 다윈보다 14살 아래로 다윈과 서신을 통해 의견을 나누기도 했고, 다윈이 파브르의 관찰 실험에 경탄한 적도 있습니다. 파브르는 사범학교에서 수학과 물리학을 전공하고 교사가 되었으며, 교사가 된 뒤에 연구를 계속하여 박사 학위까지 받았습니다. 시튼은 파브르보다 아래 세대로 1860년 영국에서 태어나 어릴 때 가족과 함께 캐나다로 이주했습니다. 커서는 유럽으로 그림 공부를 갔다가 건강이 악화되어 다시 돌아와서는 요양생활을 하며 자연과 친해졌고, 책에 그림을 그리는 삽화가로 일을 시작하여 성공한 작가가 되었지요.

이 두 사람의 작품을 어린이책으로 읽어본 사람들도 많을 것입니다. 어린 시절이 곤충이나 동물들에 관심이 가장 많을 때라서 이 책들이 어린이용으로 번안되었기 때문이죠. 그렇지만 이 두 책은 어린이를 대상으로 쓴 책은 아닙니다. 두 작가 모두 성인 독자를 염두에 두고 썼으며, 당시에도 상당히 많은 성인 독자들이 읽은 베스트셀러였습니다. 이렇게 100년이 넘는 동안 많은 독자가 읽었다는 것은 그만큼 이 책들의 매력이 크다는 뜻이겠지요.

파브르는 당시로도 학위가 여럿 있는 정통 과학자라 할 수 있습니다. 파브르는 수학과 물리학을 먼저 공부했으나 나중에 박물학자가 되기로 결심하고, 식물과 곤충의 연구에 일생을 바칩니다. 그렇지만 파브르의 대표작이라 할 수 있는 『파브르 곤충기』는 지나치게 문학적이라는 이유로 학자들의 비판을 받기도 했습니다. 책의 성격에 비추어 서술에 감정이입이 많고 논문식의 정확한 표현이 아닌 추론이나 감상까지 포함되어 있어서 학자들의 반감을 샀던 것이죠.

사실 그가 이 책을 쓴 가장 큰 이유는 생활고를 해결하기 위해서였습니다. 자신을 도와주었던 친구인 철학자 존 스튜어트 밀이 죽고, 시민학교와 박물관장 직도 그만두었으며, 아들이 죽고, 먹고 살 것도 없어진 시점에서 곤궁한 생활의 타개책으로 이 책을 쓰기 시작했죠. 그래서 이 책은 상업적이어야 했고, 많이 팔려서 생계를 해결해야 했습니다. 파브르는 폐렴까지 겹쳐 위험한 순간을 겪는 와중에 절박하게 이 책을 썼습니다. 그러나 책을 쉽고 재밌게 쓴 덕택에 많은 사람들이 책을 읽고 곤충에 관심을 가졌고, 곤충의 행

시튼(왼쪽)과 파브르(오른쪽). 시튼은 작가 활동 이외에도 다방면으로 활약했다. 그는 보이스카우트협회의 설립자였으며, 동물보호운동의 선구자였다. 그는 아메리카원주민의 친구가 되었고 그들의 권리를 보장할 것을 주장하기도 했다. 파브르는 가난한 집에서 태어나 힘들게 일하며 공부했는데, 그 경험 때문인지 여성과 농민처럼 당시 교육에서 소외되었던 이들에게 무료 강의를 해주기도 했다. 과학 말고도 문학에도 관심이 많아 말년에는 시집을 발표하기도 했다.

동을 새롭게 인식하게 되었습니다. 아마 그가 이를 학술서로 썼다면 이러한 큰 효과는 거두지 못했을 테지요.

『시튼 동물기』는 시튼의 뛰어난 글에다 그림 솜씨까지 더해서 대단한 성공을 거뒀지만, 책의 내용은 과학이라기보다는 문학이라 봐야 합니다. 저자의 세밀한 관찰도 들어 있지만, 그것도 과학적 기록이라 보기는 힘듭니다. 또 여러 사람의 이야기를 취합하고, 거기에 상상력을 더해 재구성한 내용이 더 많지요. 그래서 『시튼 동물기』는 과학으로 읽힌 적이 없는 그야말로 창작된 동물 이야기입니다. 물론 시튼은 자신이 꾸며낸 이야기가 아니라 했지만, 상상력이 많이 더해져 있습니다.

시튼은 런던에서 그림 교육을 받던 중 건강이 나빠져서 형들이 살던 캐나다의 매니토바로 돌아옵니다. 거기서 몸을 치유하는 과정에서 자연과 무척 가까워집니다. 그리고 아메리칸 인디언들과 교류를 하고, 몇몇 자연학자들을 사귀게 됩니다. 그러다 백과사전에 야생동물의 그림을 그리는 일을 시작하고, 그의 박식한 야생동물 이야기에 반한 편집자의 권유로 글도 쓰게 됩니다. 이처럼 그는 정식으로 과학을 배운 과학도는 아닙니다. 책이 성공하고 한때 주정부의 자연학자로 일한 경험이 있지만, 그것은 신대륙에서 행정적 체계가 잡히기 이전의 일이라 그를 과학자라 하기는 무리가 있습니다.

사실 『시튼 동물기』는 단 한 권의 책을 뜻하는 것이 아니라 시튼이 쓴 여러 동물 이야기 책들을 통칭합니다. 시튼은 『내가 아는 야생동물들』이라는 책을 시작으로 여러 권의 책을 냈는데, 나중에 이 책들을 망라해서 '시튼 동물기'라고 부르게 된 겁니다. 원래는 시리즈로 나온 것은 아니지만, 이후 출판사들은 대표적인 몇 가지 책들을 묶어서 내고 있지요. 여하튼 그의 동물기는 성공을 거듭하여 여러 판본의 수십 권에 이르는 책으로 출간되었고, 상업적인 성공을 거두었습니다.

시튼과 파브르 두 사람 모두 상당히 대중적인 글을 쓸 수 있는 재주가 있었으며, 그것이 두 책이 오래도록 사랑받은 원동력 중 하나입니다. 그러나 무엇보다도 그동안 몰랐던 곤충과 야생동물들에 대한 참신하고 흥미로운 내용이 독자들에게 깊은 인상을 심어주었을 겁니다. 두 사람의 책이 자연의 새로운 면모를 널리 알린 것이죠.

인간이 자연에 개입하는 방식

우리가 아는 야생동물이나 곤충들은 대개 인간보다 훨씬 전부터 지구에 살기 시작했습니다. 인간이 처음 출현했을 때 이들은 이미 세계 어디에나 있었습니다. 그러니 인간은 당연히 이들에 대해 알고 있었죠. 특히 야생동물은 사냥의 대상이었기 때문에 그들의 습성은 잘 알아야 했습니다. 또 일부 유용한 동물을 가축으로 만들면서도 그들에 대한 지식이 늘었죠. 하지만 그것은 인간의 필요에 따른 관심과 지식이었지, 동물들의 삶을 진정으로 궁금해한 것은 아니었습니다.

곤충은 그보다 더 했지요. 농업이 시작된 뒤로 곤충은 인간에게 도움도 주고 방해도 하는 복합적인 존재였지만, 어찌할 수 없는 대상이기도 했습니다. 너무 작고 또 제대로 관찰하기도 힘들어 어떤 존재인지 잘 알지 못했지요. 그나마 꿀을 채취할 수 있는 벌이 인간과 가까운 관계를 유지했습니다만, 인간이 곤충에 대해 깊은 관심을 가진 적은 별로 없었습니다.

파브르와 시튼의 시대는 자연에 대한 인간의 개입이 이전보다 훨씬 활발해진 시기입니다. 세계 구석구석에 대한 학문적 탐사가 늘었고, 게다가 산업혁명으로 인간에 의한 자연 영역의 침탈이 가속되었지요. 파브르와 시튼은 둘 다 기본적으로는 야생동물과 곤충에게 친근함을 느끼는 자연주의자입니다. 그렇지만 파브르와 시튼의 책에 나타나는 곤충과 동물에 대한 개입 방식에는 큰 차이가 있습니다.

파브르가 곤충을 연구할 당시만 해도 사람들이 곤충에 영향을 주는 정도는 제한적이었습니다. 벌과 나비들이 꽃의 꽃가루받이를 도와주는 것은 알았고, 벌을 키워 꿀을 얻는 일은 예전부터 해왔지만, 곤충의 생태에 대해서는 많이 알지 못했죠. 그저 아이들이 장난삼아 잡거나 가지고 노는 정도가 곤충을 다루는 수준이었습니다.

그러나 파브르는 곤충을 연구하기 위해 곤충들 삶에 개입을 합니다. 서식처를 파헤쳐 알을 낳는 모습을 보기도 하고, 또는 알을 옮겨가 부화하는 모습을 살펴보려 시도하기도 합니다. 곤충의 행동 양태를 알기 위해서 곤충들이 만들어놓은 집이나 알 낳는 곳의 구조를 변경하기도 하고, 끌고 가는 벌레를 바꿔치기도 하며, 개미가 집으로 돌아가는 길을 여러 가지 장애물로 막아보기도 하고, 천적들을 한 병 안에 넣어 싸움을 붙이기도 합니다. 서식지 관찰이 힘든 종류는 집에다 서식지를 만들어 키우기도 했죠. 한마디로 과학적 호기심을 해결하기 위해 파브르는 온갖 방식으로 곤충들을 괴롭히며 갖가지 실험을 다합니다.

그러니까 당하는 곤충 개체의 입장에서는 파브르가 엄청난 방해꾼이겠지요. 여러분이 평소 다니던 길에 하루아침 사이에 산이 하나 생겨나 가로막았다고 생각해보세요. 또 어느 날 아침에 잠에서 깼는데, 살던 집이 아니라 생전 처음 보는 장소였다면 얼마나 당황스러울까요. 파브르가 곤충들에게 한 실험은 그와 비슷한 것들이었습니다. 악의는 아니지만 당하는 곤충 입장에선 마른하늘에서 느닷없이 치는 번개에 맞는 기분이었겠지요. 그러나 파브르의 간섭은 전체 곤충 집단의 입장에서 볼 때는 아무런 흔적도 남지 않는 일입니다. 곤충 몇 마리만을 대상으로 한 소규모의 실험일 뿐으로, 곤충의 세계는 어지럽히지 않은 채 그들에 대한 지식을 얻을 수 있었지요.

그러나 『시튼 동물기』에서 인간이 동물에 가하는 간섭은 전혀 다릅니다. 먼저 기본적인 환경부터가 다르죠. 파브르가 곤충의 생태를 연구하는 유럽의 농촌은 농토의 급격한 변화가 없는, 그래서 곤충의 생태계에 별로 교란이 생기지 않은 상태였습니다. 산업혁명으로 인한 원료 조달은 대개 유럽 이외 지역에서 이루어져 자연에 대한 침탈이 상대적으로 적었으니까요. 유럽의 곤충 생태계는 몇백 년 전과 큰 변화가 없이 안정적이었던 셈입니다. 반면 시튼의 관찰 대상인 북미 대륙의 야생동물들은 유럽에서 이주해온 사람들에 의해 단 기간에 큰 변화를 겪습니다. 많은 수가 사냥당하기도 하고, 인간의 정착지가 넓어지면서 터전을 잃기도 하죠. 시튼이 동물 사냥이나 포획에 직접 참여하는 경우는 없었던 듯합니다. 그러나 이 이야기에 나오는 마을 사람들이나 사냥꾼은 모두 언제든지 동물의 목숨을 빼앗을 준비가 되어 있습니다.

개척자인 마을 사람들은 농장을 만들어 야생동물들의 생활 영역을 파괴합니다. 농가가 기르는 가축과 농작물이 피해를 보면 농장주는 총을 들고 덫을 놓아 피해를 입힌 야생동물을 잡아 죽였습니다. 사냥꾼들은 오로지 모피와 박제를 만들어 팔기 위해 야생동물을 추적합니다. 오늘날처럼 동물을 보호하고, 그들의 터전을 교란시키지 말아야 한다는 인식은 당시에는 극히 드물었지요. 『시튼 동물기』는 인간들에 의해 동물들에 큰 영향을 받는 현실 속에서 쓰여졌습니다.

『시튼 동물기』에 나오는 야생동물 주인공들에게 인간의 개입은 목숨이 달린 심각한 문제입니다. 실제로 그 이후로 많은 동물들이 멸종에 이르렀고, 남아 있더라도 서식처는 쪼그라들고 숫자도 얼마 되지 않습니다. 오히려 이제는 멸종의 원인 제공자인 인간의 보호 아래 명맥만 유지하고 있는 야생동물도 적지 않지요. 인간의 야생동물에 대한 개입은 폭력적입니다. 이 당시 인간은 숫자가 엄청나게 많은 곤충에게는 잔인한 폭력성을 행사할 수 없었지만, 야생동물에게는 총과 덫으로 심대한 타격을 줄 수 있었습니다.

여기서 두 사람의 입장은 묘한 차이를 보입니다. 『파브르 곤충기』에 나오는 곤충들은 철저히 탐구의 대상일 뿐입니다. 탐구를 위한 최소한의 방해와 괴롭힘은 어쩔 수 없지만, 그것은 곤충의 생태에는 별반 영향을 주지 않습니다. 그리고 곤충의 세계는 인간의 세계와 별다른 엮임이 없이 그 자체로 존재합니다. 파브르의 탐구는 물론 자연에 대한 애정을 담고 있지만, 어디까지나 객관적 관찰자로서 자연을 대합니다.

나는 왜코벌의 더듬이를 몽땅 자르고 그 자리에서 놓아 주었다. 아프기도 하겠지만 그동안 손에 잡혀 있었기 때문인지 벌은 쏜살같이 달아나 버렸다. (…) 그런데 벌은 다시 돌아왔다. 전과 마찬가지로 바로 그 장소, 내가 네 번이나 모양을 바꾸어놓은 출입구 바로 옆에 내려앉는 것이었다.

그런데 『시튼 동물기』에서 느껴지는 태도는 이와는 좀 다릅니다. 시튼 자신도 야생동물과 가깝게 지냈으며, 그에게 야생동물에 관한 이야기를 해준 사람은 주로 사냥꾼, 인디언이거나 농장주들이었지요. 그들은 야생동물과 함께 섞여 살면서 피해를 입기도 하고, 야생동물을 잡아 죽이기도 했지요. 시튼의 작품에는 어쩔 수 없이 그들의 관점 또한 녹아 있습니다. 그들에게 야생동물은 인간의 세계와 동떨어진 별개의 존재가 아닙니다. 때론 친구로, 때론 적으로 존재하며 적극적으로 대처해야 하는 대상이죠. 그래서 다음 구절처럼 어떤 부분에서는 야생동물에 대한 잔혹함이 엿보이기도 합니다.

탕! 어깨 윗부분에 총을 맞은 어미 곰은 몸이 뻣뻣해지면서 죽어갔다. 그러자 새끼 곰 세 마리는 어찌할 바를 몰라 어미 곰에게로 다시 돌아왔다. 탕 탕! 무니와 프리즐이 어미 옆에 쓰러져 고통스럽게 죽어갔고, 겁에 질려 망연자실한 왑은 식구들 주위를 맴돌았다.

그렇지만 시튼 또한 야생동물을 아끼며 사랑하고, 그들의 처지를 동정하는 것은 의심할 여지가 없습니다. 그렇지 않다면 시튼이 그렇게 야생동물 이야기를 들으러 다니고, 관찰하며 시간을 쏟지 않았을 테지요. 시튼은 실제로도 동물보호 활동에 적극 나섰으며 오늘날 동물보호운동의 선구자로 여겨집니다.

의인화의 방식도 다르다

『파브르 곤충기』와 『시튼 동물기』의 또 다른 하나의 공통된 특징은 빈번하게 등장하는 의인화된 표현입니다. 곤충과 야생동물을 사람처럼 묘사하는 서술이 많이 나옵니다. 아마 의도한 면도 있고, 저절로 그렇게 되기도 했을 겁니다. 의도는 곤충이나 동물을 독자가 더욱 친근하게 느꼈으면 하는 것이었을 테고, 저절로 된 이유는 저자 자신도 몰입해서 묘사 대상에 감정을 이입했기 때문이겠죠. 그런데 차이도 있습니다.

『파브르 곤충기』에는 곤충에게 사람처럼 이름을 붙이는 경우는 거의 없는데 『시튼 동물기』에는 많은 경우 동물에게도 사람처럼 이름을 붙입니다. 우리가 가까운 반려동물에게 이름을 붙이듯 동물은 이름으로 부르는 게 익숙하지만, 곤충은 그렇게 대하는 것이 덜 익숙하기 때문이 아닐까 생각합니다. 또 다른 이유로 곤충은 개체를 구별하기 어렵다는 점도 있을 겁니다.

비록 곤충에게 이름을 붙이며 대하지는 않았지만 『파브르 곤충기』를 읽다 보면 때로는 파브르가 곤충을 사람처럼 여긴다는 생각이 듭니다. 가령 암컷을 찾아온 공작나방의 더듬이를 자르는 실험을 하고서 파브르는 이렇게 생각을 털어놓습니다. "아름다운 더듬이를 잘려버린 나방들은 사랑의 라이벌 속에서 그들이 더듬이가 없는 부끄러움을 느낀 나머지 애타는 사랑의 심정을 한 마디도 털어놓을 용기를 갖지 못하는 것이 아닐까?" 수컷들이 무엇으로 암나방을 찾아가는지 알기 위해 더듬이를 자르지만 수컷들이 더듬이가 없어진 것을 수치스럽게 느낄까 걱정을 하는 것이죠. 또 파브르는 실험을 위해 붉은병정개미의 돌아오는 길을 방해해놓고서는 개미가 기억을 잃어 집에 돌아가지 못할까 걱정합니다. 이렇게 『파브르 곤충기』는 곳곳에서 자신의 관찰 대상인 벌레들을 걱정하는 다정한 파브르의 모습을 어렵지 않게 찾을 수 있습니다. 사람을 대하는 심정으로 곤충을 대하는 거지요.

파브르는 곤충을 연구하는 사람으로서 곤충을 이해하려고 무척 노력합니다. 곤충은 말이 통하지 않을 뿐만 아니라 감정이나 의도도 알 수 없지요. 그러다 보니 자연스럽게 파브르 본인의 생각과 감정이 이입됩니다. 파브르는 곤충의 이런저런 특성을 살펴보며 이렇게 서술하기도 합니다. "나는 청벌, 개미벌… 등을 사냥꾼 부류에 넣어주고, 놀고먹는 곤충이라는 명예롭지 못한 이름은 침파리, 먹퉹벌… 따위, 즉 다른 곤충의 양식을 먹고 사는 놈들에게 붙여주고 싶다." 곤충의 세계에도 인간 사회의 윤리·도덕 관념을 투사하는 것이지요.

물론 파브르는 곤충과 사람의 차이를 잘 알고 있었지요. 그래서 그들이 한편으로는 놀라울 정도로 정교한 행동을 함에도, 그것을 지능이 있다는 증거로 보지 않았습니다. 예컨대 곤충들은 아무도 가르쳐주지 않아도 자신이 알을 낳을 집을 정확하게 만들 수 있고, 먹잇감을 외과수술하듯 침 한 방으로 마비시킬 수 있습니다. 또 벌들은 어떤 감각을 가져서인지는 모르지만 엄청난 거리를 떨어뜨려 놓아도 제 집으로 다시 찾아오지요. 이런 대단한 재주만 보면, 그들이 꼭 지능을 가지고 행동하는 듯 보입니다. 하지만 곤충들은 어떤 면에서는 도저히 이해가 가지 않는 단순한 행동을 하기에, 그것은 지능이 아니라 "본능적인 여러 가지 행위의 연결"이라고 결론짓죠.

파브르에 비하면 시튼의 의인화는 노골적입니다. 『시튼 동물기』에 등장하는 동물 주인공들은 이름이 붙어 있습니다. 물론 조연급의 동물들이나 새끼들까지 모두 이름이 있는 것은 아닙니다. 모두 이름으로 부르면 집중력이 흩어지기 때문이죠. 영화나 드라마에서 배역 비중이 낮은 단역에게 이름이 없는 것과 마찬가지입니다. 시튼의 이런 이름 붙이기는 책의 목적이 동물들의 생태에 대해 객관적이고 과학적인 진실을 기록하는 데 있기보다는 대체로 동물들의 일생에 관한 완결된 서사를 들려주는 데 있기 때문일 겁니다. 주인공 이름이 없는 소설이나 드라마는 무언가 허전하니까요. 그리고 그 주인공의 이름도 강렬해야겠죠.

그렇다면 회색곰 '왑'이나 은여우 '도미노' 같은 수많은 동물 이름들은 시튼이 창작한 것일까요? 시튼이 이에 대해 별다른 기록을 남기지 않아 어떻게 작명을 했는가에 관해서는 잘 모릅니다. 그렇지만 몇 가지 추론을 할 수는 있습니다. 대개 시튼은 인디언이나 사냥꾼들에게 야생동물에 대한 이야기를 듣고 조사나 관찰을 했습니다. 인디언들이나 사냥꾼들이 이야기를 해줄 때 아마 이미 그 동물을 부르는 이름이 있었을 겁니다. 그들도 특정한 사냥감을 이름으로 구별할 필요가 있었을 테니까요. 가령 그들이 사냥하는 영역에는 여러 마리의 회색곰이 살지만, 그들이 여러 번 피해를 입어 오랫동안 쫓고 있는 크고 힘이 센 회색곰이 있다면 그 한 마리는 특별히 인식했을 테고 어떤 이름을 붙였겠죠. 시튼도 이야기를 지을 때 대개는 이런 이름을 응용했을 겁니다. 아마 듣기 좋지 않은 이름이나 시시하게 들리는 이름은 바꾸기도 했겠지요.

그러니까 『시튼 동물기』에 등장하는 동물 이름은 사냥꾼이나 추적자와 같은 적에게서 나왔기 십상이고, 그 이름은 두려움의 상징일 수도 있습니다. 실제로 「회색곰 왑의 삶」에는 왑을 뒤쫓다 도리어 왑에게 죽은 사냥꾼의 이야기가 등장하기도 하죠. 그러기에 『시튼 동물기』의 의인화는 동물을 꼭 친근하게 여기는 것이 아닐 수도 있습니다. 의인화해서 부른다고 그 쫓고 쫓기는 적대적인 관계가 변하는 건 아니니까요. 전쟁에서 어찌할 수 없는 강력한 적에게 경외감을 느낄 수는 있지만, 어쨌든 적은 적일 뿐이죠.

시튼은 즐겨 영웅적인 동물들의 일대기를 그렸습니다. 그리고 그런 동물들의 일대기가 독자들에게 사랑받았지요. 이것은 소설에서 영웅적인 인물의 일대기를 그리는 것과 큰 차이가 없습니다. 영웅적인 동물과 극적인 요소는 언제나 이야기의 큰 흐름이었죠. 『시튼 동물기』는 인간의 영웅담을 동물로 주인공만 바꾼 셈입니다. 어떻게 말하면, 『플루타르코스 영웅전』의 동물판이 『시튼 동물기』라고도 할 수 있지요. 그래서 시튼이 동물에 대한 애정과 연민을 가득 지니고 쓴 작품이지만, 결국은 인간의 영웅담 또는 비극과 비슷하게 읽힙니다. 야생동물이 수많은 역경과 고난을 겪고, 이를 불굴의 의지와 뛰어난 능력으로 극복하지만, 결국은 운명에 의해 최후를 맞게 되는 비극이지요. 그래서인지 시튼의 이야기에는 파브르의 그것처럼 자연 자체에 대한 세심하며 자상한 애정은 그다지 느껴지지 않습니다. 오히려 동물의 삶을 동물의 관점에서 이해하기보다 인간의 관점에서 바라봤다고 해야 하겠습니다.

물론 『시튼 동물기』도 인간 문명만을 대단하게 여기던 당시의 사회 분위기에서 대자연 속에는 인간과 함께 동물들도 살아가고 있음을 일깨워주는 작품이었습니다. 실제로 그의 작품은 도시인에게 동물을 다시 보고 생각하게 만든 계기가 되었고, 동물에 대한 고정관념을 바꾸는 데도 기여했습니다. 또한 슬프고도 아름다운 동물 주인공들의 이야기를 통해 이 자연이 인간의 것만이 아니라

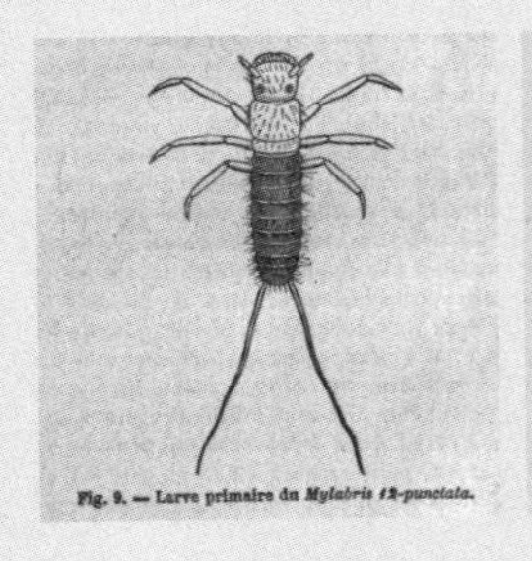

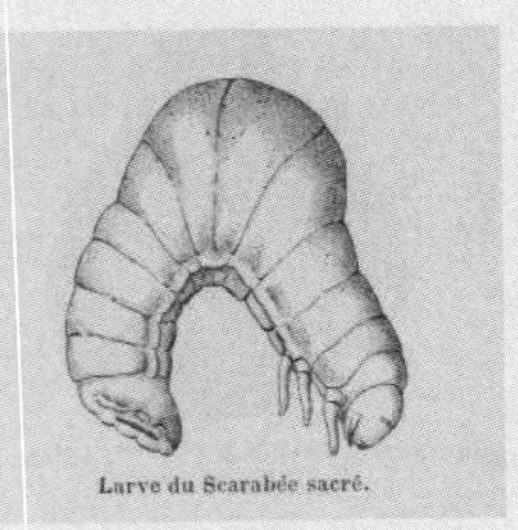

『파브르 곤충기』에 실린 삽화(위)와 『시튼 동물기』에 실린 삽화(아래). 둘 다 세밀하고 생생한 그림이지만 『파브르 곤충기』의 삽화가 객관적인 정보 전달에 충실한 반면, 『시튼 동물기』의 삽화에는 주관적인 감정과 느낌이 진하게 담겨 있다.(『파브르 곤충기』의 삽화는 파브르 본인이 그린 것은 아니다.)

는 사실을 일깨움으로써 자연과 동물을 보호해야 한다는 인식을 심어주었습니다. 그러기에 시튼의 작품이 자연의 위대함을 깨치게 한 것은 틀림없습니다.

겉으로만 보면 다정다감하게 동물에게 사람처럼 이름을 붙여준 시튼이 더욱 자연을 사랑한 사람인 듯합니다. 그러나 그는 동물을 쫓아다니는 인디언과 사냥꾼의 친구였고, 그의 작품에는 그런 인간의 관점과 심성도 포함되어 있습니다. 또한 냉철한 과학의 정신을 지닌 파브르도 최대한 곤충들을 이해하려 하지만, 인간의 관점을 투영하는 것은 어쩔 수 없는 일이었습니다. 그들 둘 모두 인간의 한계를 넘어설 수는 없었지만, 이 세상에는 인간 이외의 많은 생물들이 인간과 운명을 함께하고 있다는 사실을 일깨운 선구자들입니다.

관찰의 태도

파브르와 시튼 두 사람은 비슷한 시기에 대중들, 특히 도시인들에게 자연에 관한 관심을 불러일으켰습니다. 한 사람은 프랑스 남부라는 전통적인 자연환경에서 식물 곤충을, 다른 한 사람은 미개척지가 많은 신대륙에서 야생동물을 대상으로 삼았지요. 그리고 둘 다 따뜻한 감성적인 필치의 글로 독자들을 사로잡았죠. 그렇지만 그들 작품에서 가장 돋보이는 점은 무엇보다 그 세밀하고 자세한 내용일 겁니다. 그렇게 자세한 이야기를 할 수 있었던 것은 밑바탕에 끈기 있는 관찰이 있었기 때문이었죠.

그런데 두 사람의 관찰 방법에는 차이가 있습니다. 관찰의 목적이 달랐기 때문이지요. 파브르는 정식으로 훈련받은 학자였기에 곤충을 이성적이고 냉철하게 바라보려고 애썼습니다. 그의 관찰은 곤충의 행동양식을 면밀히 파악함으로써 자연에 대한 지식을 확장하는 것이 목적이었죠. 그리고 꼼꼼한 관찰과 여러 차례의 실험을 통해 곤충의 생태학에 대한 새로운 경지를 개척합니다. 지금은 생물학의 분야도 넓어지고, 세포 안의 분자와 유전자까지 연구하는 놀라운 세상이 되어, 이렇게 생물들의 생장과 생태를 연구하는 생물학은 한물간 것처럼 여기는 경향도 있습니다. 하지만 이 분야는 여전히 어렵기도 하고 연구되지 않은 분야가 많으며, 중요도 또한 떨어지지 않습니다. 곤충은 동물계에서 절지동물 가운데 환경에 적응을 가장 잘한 대표적인 동물입니다. 그래서 여전히 많은 진화학자나 생물학자들이 일생을 두고 연구하지요. 이 분야를 앞장서서 처음 개척한 사람이 바로 파브르입니다.

『파브르 곤충기』에는 적지 않은 의인화와 작가의 감상이 녹아 있지만, 그것은 자연에 대한 자신의 느낌을 솔직히 표현하려는 의도였지 이성적인 관찰을 흐리게 함은 아니었습니다. 또한 학자들을 위한 글이 아니라 대중들을 위한 글이었기 그렇게 쓴 것이죠.

게다가 파브르의 곤충 관찰과 실험은 학문적으로 부족함 없이 철두철미했습니다. 곤충의 생활 영역은 사람과는 아주 다르기에 일상에서 관찰하기 힘듭니다. 파브르는 그들의 움직임을 놓치지 않기 위해 농부와 어린아이를 포함해 여러 사람의 도움도 받았으며, 정확한 관찰을 위해 거의 하루 종일을 야외에서 지내는 수고도 마다하지 않았지요.

수고로움을 마다하지 않는다고 해도 곤충은 사람과 사는 환경이 너무 달라 한계가 있을 수밖에 없습니다. 더군다나 야행성 곤충은 기술이 발달하지 않은 당시로서는 야외 관찰이 아예 불가능했죠. 파브르는 이런 제약을 해소하기 위해서 세심하게 실험을 고안하고, 인공적으로 서식처를 만들어 관찰하기도 합니다. 파브르는 왕독전갈을 키우는 과정을 이렇게 설명합니다.

> 뜰 한 구석에 전갈들의 식민지를 마련해주었다. (…) 이주해오는 한 놈 한 놈의 전갈을 위해서 몇 리터 들이쯤 되는 구멍을 파고 원래 살고 있던 곳의 흙과 똑같은 모래 섞인 흙을 가득히 채워주었다. 가볍게 다져서 구멍을 파더라도 무너지지 않도록 단단하게 한 다음, 그 위에 움푹 들어간 곳을 만들었다.

이렇게 먼저 야외에서 세심한 관찰을 해서 주거지의 특성을 판단한 다음, 주의를 기울여 원래 있던 곳과 같은 환경을 만들어준 것이죠.

이뿐만 아니라 더 편안한 관찰을 위해 실험실 책상 위에도 서식지를 만들어줍니다. 나중에는 집 짓고 사는 모습을 더 자세히 관찰하기 위해서 공중에 뒤집어 매단 화분에서 전갈을 키우기도 하고, 유리로 상자를 짜서 서식지를 만들기도 합니다. 파브르는 관찰과 실험에서 여러 가지 변수를 염두에 두고 생태를 파악하여 이들이 집을 짓는 방법, 먹이를 잡는 방법, 좋아하는 먹이, 짝짓기 해서 알을 낳는 과정 등등을 알아갑니다. 파브르는 이렇게 열의를 다해 전갈의 생태를 객관적으로 확인할 수 있도록 고안한 여러 실험도 실시합니다. 그럼으로써 자신의 과학적 방법을 확립하죠.

가령 파브르는 벌들이 집으로 얼마나 잘 돌아가는지 알기 위해 이런 실험을 합니다. "벌을 하나씩 다른 종이 봉지에 넣고 한데 모아서 상자 속에 넣었다. 나는 벌집이 있던 곳에서 약 2킬로미터쯤 떨어진 곳에서 왕노래기벌을 놓아주었다. 놓아주기 전에 나중에 구별할 수 있도록 물감으로 지워지지 않게 가슴 한복판에 흰 점으로 표시를 해두었다." 이렇게 치밀하게 고안해 벌들이 돌아오는가를 실험하는데, 이 실험은 한 번에 그치지도 않습니다. 여러 변수를 고려해서 매번 새로운 실험을 고안하여 실행하고, 그 결과를 기록해 합리적인 추론을 합니다.

파브르는 벌들의 귀환 본능이 어떤 요소에 방해받는지 알기 위해 벌들을 벌판이 아닌 복잡한 거리에서 풀어주기도 하고, 풀어주기 전에 방향을 가늠하지 못하게 어두운 상자에 넣고 빙빙 돌리기도 하며, 벌들이 돌아왔을 때 원래 있던 곳을 낯설게 만들기도 하고, 집의 입구를 돌로 막아보기도 합니다. 또 시간이 지나 가슴에 표시한 흰 점이 지워지면 통계가 잘못될까 우려해서, 점이 지워지지 않을 만한 시간 안에 돌아오는 벌들만 집계합니다. 온갖 경우의 수를 고려해서 실험한 것이죠. 파브르의 관찰과 실험에서의 엄밀함과 독창성은 당대 최고의 과학자였던 찰스 다윈조차 감탄할 정도였습니다.

시튼 또한 야생동물에 관한 글을 쓰고 그림을 그리는 작가였기에 야생동물을 가까이 관찰할 수밖에 없었습니다. 그는 숲속에 들어가 머물면서 동물들을 관찰하다 목숨이 위험해진 적도 있었지요. 또한 경험 많은 인디언과 사냥꾼의 도움을 받아 동물들의 습성과 발자국 같은 자취를 세밀하게 관찰하는 법을 배우기도 했습니다. 그런 어려움을 감수하고 동물의 생태를 관찰한 것은 단순히 글을 쓰기 위한 목적만이 아니었을 겁니다. 진정으로 동물을 사랑하는 마음이 있었던 거겠죠.

그렇지만 그는 훈련받은 자연학자나 동물학자는 아니고, 본 직업이 화가였던 것만큼 그의 관찰은 과학자의 관찰과는 다릅니다. 화가의 눈은 예리해야 하지만 감성이 없으면 아주 세밀한 느낌까지 표현할 수 없습니다. 동물들의 겉모습을 정확하게 표현하는 것만으로는 안 됩니다. 그 동물들의 치열한 삶과 고통이나 즐거움도 느낄 수 있게 그려내야죠. 그래서 시튼의 이야기에 나오는 동물들의 묘사는 냉철하지 않고 따뜻한 감성을 느낄 수 있습니다. 시튼의 관찰은 세밀하고 날카롭지만, 그것은 합리성을 추구하는 관찰이 아닌 감성의 관찰입니다.

시튼은 「큰뿔양 크래그」에서 다른 숫양들과 겨루기를 앞둔 크래그를 이렇게 묘사합니다. "흔히 말하듯이 아름다움과 용맹이 동물 세계 어디에서나 통용되는 승리의 카드라면, 크래그는 틀림없이 그 무리의 우상이었을 것이다. 크래그는 숫양들과 겨룰 때면 경이로운 존재로 보였을 것이고, 힘과 체격과 아름답게 굽은 뿔 덕분에 암양들 사이에서는 거의 신적인 존재가 되었을 것이 분명했다. 날개 달린 승리의 여신상과 철철 넘치는 잔은 크래그의 차지가 되었다." 아름다운 뿔을 지닌 튼튼한 숫양의 모습을 젊은 미남자의 아름다운 육체처럼 그리며 주관적인 느낌으로 묘사한 것이죠. 여신과 술잔까지 나올 정도의 비유는 도저히 산양의 세계라고 생각할 수 없을 정도입니다. 『시튼 동물기』에 나오는 영웅적인 동물에 대한 서술은 대체로 이와 비슷합니다.

이런 시튼의 서술 방식에서 엄밀한 과학적 관찰을 발견하기는 어렵습니다. 시튼 자신은 '있었던 일만 기록했다'고 말하지만 꼭 그런 것은 아닙니다. 「회색곰 왑의 삶」에서 시튼은 어린 회색곰 왑이 덫에 걸리는 장면을 이렇게 묘사합니다. "통나무 있는 쪽으로 가자마자 (…) 앞발 하나가 강철로 된 비버 덫에 물렸다, 비명을 지르며 힘껏 뒤로 낚아채자 덫과 연결된 말뚝이 산산조각 났다. 왑은 덫을 떼어내려고 애를 썼지만, 결국 그렇게 하지 못한 채 그것을 질질 끌며 덤불 속으로 도망쳤다." 곰이 먹이를 찾다가 덫에 물리고, 다시 이 덫을 빼내는 장면은 직접 관찰할 수 있는 일이 아니죠. 이 장면을 시튼이 봤을 가능성은 거의 없습니다. 아마도 곰의 털이 붙어 있는 덫을 발견하고 머릿속에서 상상한 서술일 겁니다.

시튼은 동물들의 희노애락이나 생각을 추측하여 표현하기도 합니다. "새끼 여우 도미노는 사냥개의 수상쩍고 날카로운 소리가 들려왔을 때 밖을 살피고 있었다. 그 소리는 녀석의 작은 등뼈에서 수부룩한 꼬리의 끝까지 온몸이 오싹해질 정도로 무시무시했다."(「은여우 이야기」) 이렇게 『시튼 동물기』의 서술은 『파브르 곤충기』와 달리 허구와 추측으로 가득합니다.

파브르는 자신이 보지 못한 것을 상상하기는 하지만 이렇게 사실처럼 서술하지는 않습니다. 시튼은 자신이 보지 않은 것을 몇몇 증거와 사냥꾼과 마을 사람들의 이야기로 완전한 스토리를 만들어냅니다. 그렇게 해서 야생동물도 사람과 마찬가지로 굴곡 있는 일생을 사는 듯이 비춰지지요. 시튼은 야생동물들의 삶을 있는 그대로 보여주기보다는 오히려 인간의 드라마를 동물의 세계로 옮기려 한 것 같습니다. 이런 까닭에 『시튼 동물기』에 나오는 이야기를 과학적 서술로 보기는 어렵습니다. 곧 『시튼 동물기』는 『파브르 곤충기』와 달리 감성과 감정을 동물에 이입한 이야기들입니다.

그래도 과거에는 자연이 있었다

『파브르 곤충기』와 『시튼 동물기』는 큰 상업적인 성공을 거둔 책이었습니다. 지금까지도 독자들이 많이 찾는 책이기도 하죠. 100년이 넘는 세월 동안 꾸준하게 사랑을 받아왔지요. 그렇지만 이들이 자연에 대해 바랐던 바와는 달리 오늘은 곤충과 야생동물에게는 살기 힘든 세상이 되었습니다. 무엇보다 그네들이 살아갈 수 있는 곳을 인간이 차지했기 때문이지요. 1900년만 해도 세계 인구는 약 17억 명 정도였습니다. 그러던 것이 지금은 70억을 훌쩍 넘어 80억 명에 가깝지요. 그런 만큼 사람의 의식주를 충족시키기 위해 야생의 환경이 훼손될 수밖에 없는 것이지요.

그래서 수많은 야생동물이 멸종하고, 곤충들의 서식지가 줄어들고 개체수가 많이 감소했습니다. 어떤 야생동물은 사람이 닿지 않는 곳으로 숨어 들어갔으나 이제 그런 곳들은 얼마 남지 않았습니다. 아마존의 열대우림조차 위협을 받고 있습니다. 일부 곤충들은 농지로 바뀐 땅에서 인간이 재배하는 작물이 늘면서 수효가 많아지기도 했지만, 무차별 농약의 세례를 받아야 했지요.

인간 때문에 점점 더 궁지로 내몰리는 자연을 접하며, 파브르와 시튼의 곤충과 동물을 바라보는 태도와 방법을 다시 생각해보게 됩니다. 한 사람은 냉철한 이성의 잣대를 세워 바라보고, 다른 한 사람은 풍부한 감성으로 세밀한 관찰을 했지요. 하지만 그 두 시선 모두에 사랑이 있었습니다. 한 사람은 과학으로 곤충이 이 세상을 어떻게 살아가는지를 밝히려고 애썼으며, 다른 한 사람은 웅장한 대자연을 살아가는 야생동물의 삶을 드라마처럼 그렸습니다. 한 사람은 과학자로, 다른 한 사람은 작가로 자연을 사랑한 것이지요.

곤충이든 동물이든 사랑하지 않고는 이렇게 숲과 야외에 나가서 관찰하고 연구하며, 그림을 그리고 이야기를 쓸 수 있었겠는지요. 그러나 이제는 곤충이나 동물도 신기한 것이 되어, 우리에 넣어 먹이를 주며 기르는 것 말고는 가까이서 보기 힘들어졌습니다. 사람들이 자연이나 야생과 너무 멀리 떨어져 살게 된 것이죠. 이제 우리도 자연의 일원임을 다시 생각하며 자연을 바라볼 때가 되지 않았을까요? 이 두 책이 그 시작이 될 수 있을 겁니다.

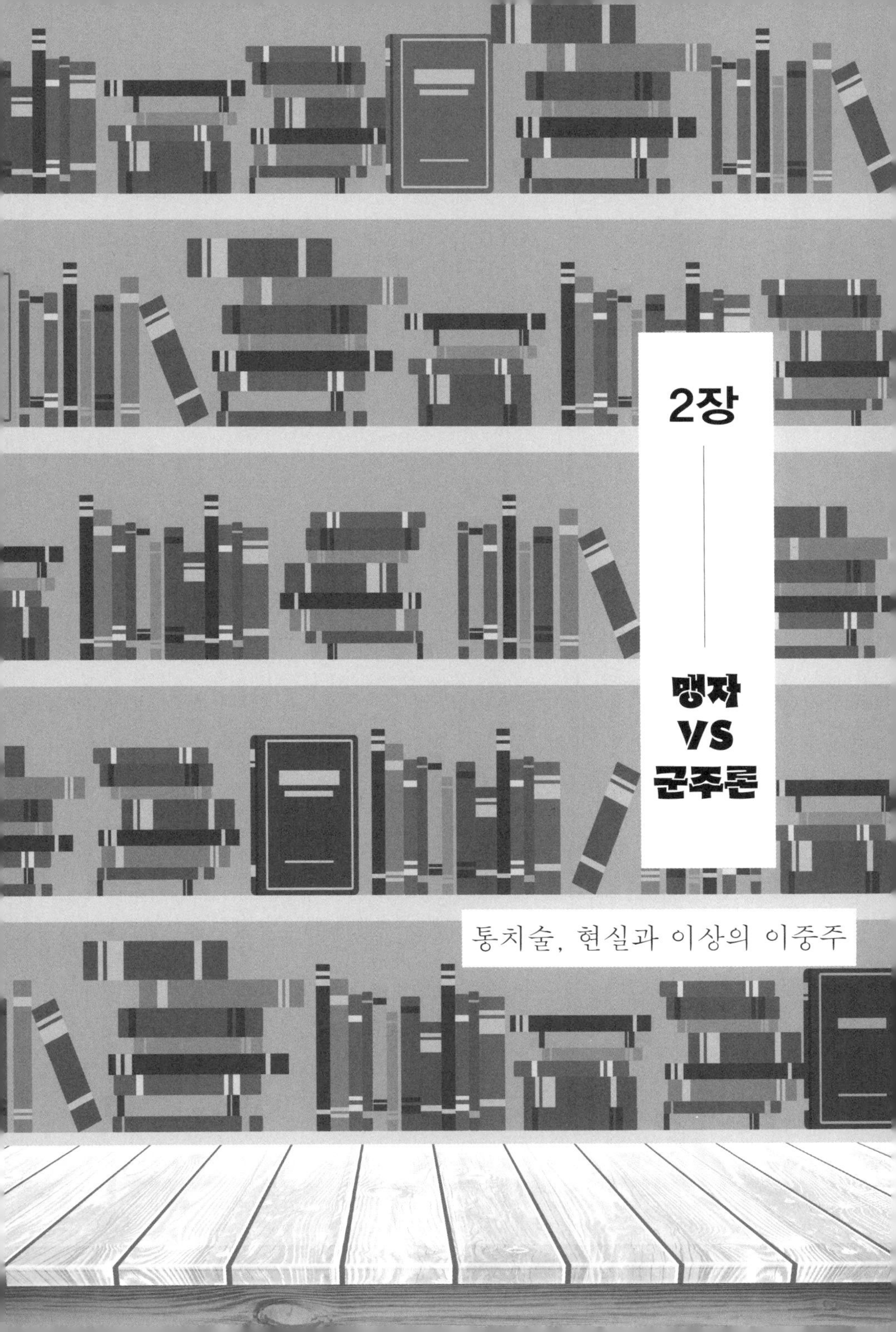

2장

맹자 VS 군주론

통치술, 현실과 이상의 이중주

통치술, 현실과 이상의 이중주

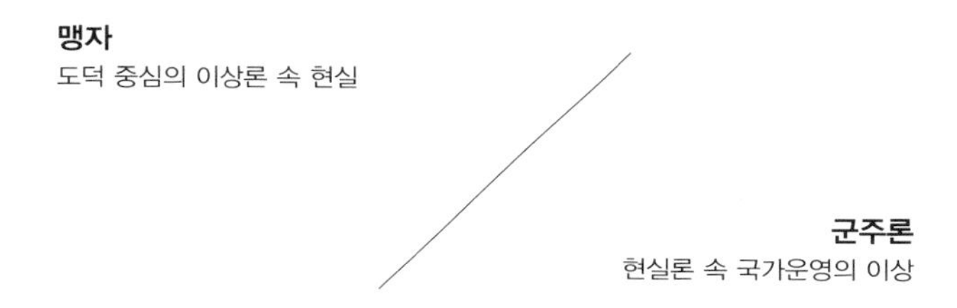

맹자와 마키아벨리의 시대

맹자는 기원전 3~4세기경 중국 전국戰國시대 사람이고, 마키아벨리는 16세기 르네상스 시대의 이탈리아 피렌체 공화국에서 살았던 사람입니다. 시간과 공간에서 차이가 상당하지요. 그렇지만 둘 사이에는 공통점이 있습니다. 맹자 시대의 중국은 일곱 개의 큰 나라가 다투고, 그 사이에 여러 작은 나라들이 존재했던 난세입니다. 큰 나라는 세력을 키우려 애를 쓰고, 작은 나라는 생존을 위해 전전긍긍하던 시대였습니다. 마키아벨리가 살았던 이탈리아도 크고 작은 나라로 찢어져 전쟁으로 피폐했고, 여기에 프랑스와 스페인 같은 외세까지 끼어들어 그야말로 난장판이었습니다. 마키아벨리의 조국인 피렌체도 이 틈에서 신음하고 있었죠. 전국시대의 중국과 르네상스 시대의 이탈리아에서, 각 나라의 군주들은 어떻게 하면 나라를 부강하게 만들어 난국에 주도권을 쥘 수 있을까가 관심사였습니다. 그러기 위해서 통치권을 쥔 군주와 그의 정책이 더없이 중요했지요.

이런 공통점이 두 책이 탄생한 배경입니다. 맹자는 당시 여러 나라를 떠돌며, 그 나라의 왕들과 대화를 나누었습니다. 각국 왕들은 현명한 사람의 조언을 들어 나라를 부강하게 만들고 전쟁에서 이기는 법을 배우기를 원합니다. 그래서 당시 이름난 학자였던 맹자를 불러서 여러 조언을 들은 것입니다. 그런 대화를 기록한 내용이 『맹자』에 수록되어 있습니다.(이 책은 맹자 말년, 혹은 사후에 맹자가 남긴 말을 제자들이 정리해 엮은 것으로 알려져 있습니다.) 또 맹자가 제자나 다른 학파의 사람들과 나누는 대화도 있습니다. 이 대화들은 대부분 무엇이 옳은 삶이고, 바람직한 통치인지에 대한 것들이었죠. 맹자는 혼란스러운 난세를 끝내고, 백성들이 평화롭게 살 수 있는 세상을 만드는 것이 목적이었습니다.

마키아벨리의 『군주론』은 피렌체의 관리를 지냈던 그가 해임된 뒤 새로이 집권한 메디치가家의 수장에게 헌정한 책입니다. 책 내용은 어떻게 해야 성공한 군주가 될 수 있는가를 과거 역사의 사례를 통해 설명하는 것입니다. 본디 이 책은 줄리아노 데 메디치에게 헌정할 예정이었으나, 그가 사망하는 바람에 후계자인 동생 로

렌초 데 메디치에게 헌정되지요. 마키아벨리는 메디치가가 실각해 있던 사이에 관리로 일했는데 메디치가의 복귀와 함께 반反메디치가의 혐의로 체포되었다 풀려났습니다. 그런 그가 새로운 군주에게 헌정한 책이니, 다시 일하게 해달라는 구직 요청과 다를 바 없지요. 물론 자신이 피렌체를 이탈리아의 주도 세력으로 만들겠다는 뜻을 품고 있기에 이런 책을 썼을 겁니다. 그러나 로렌초는 마키아벨리를 무시하고 맙니다.

두 책에 대해 본격적으로 알아보기 전에 당시의 시대적 상황을 좀 더 살펴봅시다. 어느 시대나 또 어느 곳이나 혼란기는 비슷한 양상을 띠기는 하지만, 무시할 수 없는 차이도 있습니다.

중국의 전국시대는 흔히 춘추전국시대(BC 720년~BC 221년)라 부르는 시대의 후반기입니다. 춘추전국시대는 다른 말로 동주東周 시대라고도 합니다. 동주라 함은 주나라가 수도를 서쪽의 호경鎬京에서 동쪽인 낙양으로 옮겼기 때문에 붙은 이름이죠. 명분상으로는 여전히 주나라가 밑의 제후국들을 거느리는 형태였지만, 왕권이 지속적으로 약해지면서 제후들이 서로 세력 다툼을 하던 시기입니다. 그나마 춘추시대에는 제후가 스스로 왕이라고는 하지 않았는데, 전국시대에 와서는 모두가 왕을 칭했으니 주나라는 남아 있어도 허수아비인 시절이었죠. 그러니 예전의 질서와 가치들은 완전히 무너지고 강한 자가 약한 자를 삼키는 시대가 되었습니다. 맹자가 태어난 것은 대략 이런 전국시대가 시작된 지 30년 후입니다.

당시에는 다양한 학파의 사상가들이 여러 나라의 왕들을 만나서 나라를 다스리는 방법을 이야기하면서 자신의 능력을 드러냈습니다. 이들을 제자백가라고 부르지요. 당시 여러 나라들은 이런 방법으로 인재를 얻었으며, 말하는 내용이 왕의 마음에 들면 관리가 되어 그 나라의 정치를 책임집니다. 맹자도 공자 문하 제자들의 학파인 유가에 속한 학자였고, 이런 의도로 왕을 만났지만 왕이 듣기에 거북한 말만 했기에 실질적인 재상에 등용된 적은 없습니다. 그저 명목상의 직책만을 잠깐 얻은 정도였죠. 결국 그는 이름난 학자로만 남게 됩니다. 전국시대는 맹자 사후 70여 년이 지난 뒤 진나라 진시황이 나머지 여섯 나라를 모두 멸망시키며 통일하여 끝이 납니다.

마키아벨리 시대의 이탈리아는 중국의 전국시대처럼 여러 나라로 분열된 상태였습니다. 이탈리아 반도는 베네치아 공화국, 밀라노 공국, 사보이 공국, 나폴리 왕국, 피렌체 공화국, 교황청 직할지 등의 여러 나라로 나뉘어 있었는데, 각 나라는 정치체제도 다르고 성격도 달랐습니다. 한편 이탈리아 위쪽의 프랑스와 스페인은 강력한 통일국가인 왕국을 이루고 있어 이탈리아를 삼키려 호시탐탐 노리고 있었으며, 중부를 차지한 교황청과 큰 나라들은 이들 외국 세력과도 서로의 이익에 따라 연합하며 경쟁을 벌이고 있었죠. 또 각 나라 안에서도 새로운 세력이 일어나 나라의 주인이 바꾸기도 하고, 군주가 쫓겨나는 일도 잦았습니다. 작은 나라들은 큰 나라들 사이에서 목숨을 부지하기 위해 전전긍긍했습니다. 한마디로 약육강식의 논리가 지배하는 극한의 혼란기였지요. 이런 이탈리아의 분열상은 한참 후인 19세기에나 끝이 납니다.

마키아벨리가 살았던 피렌체 공화국은 중부 토스카나 지방의 아주 큰 나라도 아니고 그렇다고 작은 나라도 아닙니다. 의회가 있는 공화국이지만 몇몇 가문이 주도권을 행사하면서, 주도권 쟁탈전도 벌이고 있었죠. 한동안 은행가 출신인 메디치 가문이 피렌체를 지배했는데, 1494년 프랑스의 샤를 8세가 침공해오자 모든 조건을 수락하고 항복합니다. 그 뒤 피렌체는 잠깐 사보나롤라라는 성직자가 다스리는 신성 국가가 되었다가, 피에로 소데리니라는 종신 수상을 선출해 다시 공화국 체제로 돌아갑니다. 이때가 마키아벨리가 나라의 관리로 일했던 기간입니다. 그리고 소데리니는 1512년 스페인 군대가 침공하여 물러나고, 교황청을 등에 업은 메디치가가 국정에 복귀하게 됩니다.

전국시대와 이탈리아의 상황은 분명히 다릅니다. 사회적 발전 정도도 다르고, 규모나 지역 범위도 달랐습니다. 중국은 상당히 오랜 기간 안정기를 겪은 다음의 격변기이고, 이탈리아는 나뉜 지 오래라 지역마다 다른 특성을 유지하고 있었습니다. 규모와 범위는 중국이 컸겠지만, 기술적 측면이나 사회 발전 정도는 이탈리아가 더 앞섰겠죠.

IL PRINCIPE DI NICCOLO MA
CHIAVELLI AL MAGNIFICO
LORENZO DI PIERO
DE' MEDICI.

LA VITA DI CASTRVCCIO CA
stracani da Lucca a Zanobi Buondelmonti, & à
Luigi Alamanni, composta per il medesimo.

IL MODO CHE TENNE IL DVCA
Valentino per ammazare Vitellozo, Oliuerotto da
Fermo, il S. Pagolo, & il Duca di Grauina
discritta per il medesimo.

I RITRATTI DELLE COSE DEL
la Francia, & della Alamagna per il medesi
mo, nuouamente aggiunti.

M. D. XXXII.

마키아벨리의 『군주론』은 당시 피렌치를 다스렸던 군주인 로렌초 데 메디치에게 바치는 헌사로 시작한다. 즉 『군주론』은 처음부터 나라를 다스리는 통치자의 입장에서 무엇이 바람직한 통치인지를 서술한 책이다. 때문에 똑같이 백성을 아끼는 통치를 해야 한다고 말해도, 맹자와 마키아벨리 사이의 간격은 상당하다. 맹자에게 백성을 아끼는 통치는 그 자체로 목적이지만, 마키아벨리에게는 통치자의 권력을 유지하기 위한 방법이다.

여하튼 『맹자』든 『군주론』이든 공통점은 맹자나 마키아벨리가 군주들에게 취업하고자 하는 설정은 똑같습니다. 내 머릿속의 지식과 지혜를 나라를 다스리는 데 활용할 수 있게 기회를 달라는 것이죠. 그런데 흔히 사람들은 이 두 책을 정반대의 관점이라 평가하고 있습니다. 맹자는 인간의 선함이라는 덕목에 기대어 있고, 마키아벨리는 정반대로 권모술수를 부리는 인간의 추악한 면을 강조했다는 것이죠. 언뜻 보면 이 이야기는 틀리지 않은 것 같습니다. 맹자는 모름지기 군주란 백성들을 사랑으로 감싸고 보살펴야 하며, 의롭게 행동하고, 예의를 다해야 한다고 끊임없이 강조합니다. 어떤 왕이든 나라를 부강하게 하고 힘을 키우고 잘 다스리는 방법을 물으면, 백성을 우선해서 생각하며 기본을 잘하라고 대답합니다. 왕들은 그의 되풀이되는 원칙론에 다 나가떨어집니다. 그래서 결국 취직을 하지 못하는 것이죠.

반면에 마키아벨리는 군주가 나라를 수호하고 부강하게 만들기 위해서는 속임수도 거침없이 써야 한다고 주장합니다. 오히려 너무 정직하거나 융통성이 없는 군주는 자격이 없다고까지 말하지요. 이런 생각을 거침없이 토로하기 때문에 권모술수와 협잡 같은 부정적 이미지가 그에게 깃들어 있습니다. 그렇지만 맹자와 마찬가지로 마키아벨리도 권력의 밑바탕은 백성이란 사실을 잘 인식하고 있습니다. 그래서 민심을 잃지 않고 백성들을 잘 보살펴야만 권력을 잃지 않는다는 걸 강조합니다. 속임수나 협잡은 권력층의 내부나 외교의 영역에서 강조한 내용입니다. 맹자와 마키아벨리는 똑같이 통일된 중국, 통일된 이탈리아와 백성들이 잘사는 세상을 꿈꿨습니다. 둘 다 살아생전에는 자신의 생각을 통치에 활용할 기회를 가지지 못했지만, 이후의 사람들은 그들의 목소리에 귀를 기울였습니다.

군주가 나라를 다스리는 두 가지 방법

맹자가 여러 나라 왕을 만나지만 실질적인 관직에 오르지 못한 이유는 왕들에게 너무나 원칙적인 것을 요구하기 때문입니다. 왕이 넓은 정원을 만들고 사치를 해도 좋다면서도 그것을 백성들과 함께 이용하라 말하고, 여자와 음악을 좋아하는 것도 괜찮다고 하지만 백성도 그런 즐거움을 알고 짝을 이루게 해야 한다고 주문합니다. '무엇이든 다 좋다. 하지만 백성과 함께 해야 한다'는 것이 맹자의 핵심 생각입니다. 눈앞의 욕심에 급급한 전국 시대의 세속적인 왕들로서는 지키기도 쉽지 않았고, 현실성도 없어 보였을 겁니다. 맹자는 늘 왕들과 관리들이 백성들에게 사랑[仁]을 베풀고 예의와 옳음[義]을 지켜야 한다고 강조했습니다.

마키아벨리 역시 민심을 얻는 것의 중요성을 다음과 같은 말로 강조합니다.

> 군주가 가질 수 있는 최선의 요새는 인민에게 미움을 받지 않는 것이다. 만약 당신이 요새를 가지고 있더라도 인민이 당신을 미워하면, 요새가 당신을 구출하지는 못할 것이다. (…) 요새를 너무 믿고 인민의 미움을 사는 것을 두려워하지 않는 군주는 비난받아 마땅하다.

그래서 군주는 탐욕을 부려 인민들의 재산을 뺏으면 안 되며, 되도록 호감을 얻어야 한다고 말합니다. 또 군주가 사랑을 받지는 못하더라고 최소한 미움을 받는 일은 피해야 한다고 하죠. 군주는 자기가 다스리는 사람들에게 잘해줘야 한다는 게 맹자와 마키아벨리 모두 동의하는 부분입니다.

그렇지만 군주의 구체적인 행동에 관한 의견은 자못 다릅니다. 맹자는 백성을 사랑하고, 신하는 예의가 있게 대하고, 이웃 나라에 신의 있게 행동하는 등의 원칙을 언제 어디서나 지킬 것을 주문합니다. "힘으로 사람을 복종시킨다면 그건 마음으로 우러난 복종이 아니"고, "바른 인품과 가치로 사람을 복종시킨다면 그건 그 사람이 마음으로부터 기뻐해서 진짜로 복종하는 것"이기 때문이라는 겁니다. 항상 옳은 수단으로, 옳은 목적을 달성해야 한다는 것이 맹자의 생각이죠.

그에 비해 마키아벨리는 도덕의 관점에서 훨씬 느슨해 보입니다. 그는 군주는 인자하다고 여겨지는 것이 좋긴 하지만, 필요하다면 잔인한 면도 있어야 한다고 강조하지요. 통치를 위해서는 어느 정도의 잔학함으로 신하와 백성들에게 공포심을 주는 것이 효과적이라는 겁니다. 잔인한 본보기를 보여서 질서를 유지하고 혼란을 막는 것이 결과적으로는 더 자비로운 것이라는 주장이죠. 또한 군주는 법과 힘 둘 다 이용해야 하며, 때로는 신의를 저버릴 수도 있고, 거짓말쟁이나 위선자가 될 필요도 있다고 말합니다.

마키아벨리의 이런 주장은 전국시대에 있던 법가法家의 주장과 비슷하기도 합니다. 법가의 사상가들은 목표를 달성하기 위해서라면 비열한 방법이라도 감수해야 하며, 공포와 법으로 강력한 통치를 해서 나라를 유지해야 한다고 이야기했습니다. 같은 시대를 살았던 맹자는 이런 주장에 반대했습니다. 그는 "일정한 소득이 보장된 생업, 즉 항산恒産이 없어도 상황에 휘둘리지 않고 바른 마음을 한결같이 유지하는 것, 즉 항심恒心"은 평범한 사람들에겐 불가능하다고 이야기합니다. 그러니 군주라면 먼저 사람들이 넉넉한 삶을 누리게 해줘야지 그렇지 않고 법과 형벌로 질서를 잡으려는 것은 "그물을 몰래 쳐놓고 걸려들기만을 기다리는 행위"라고 비판했지요. 그러니 현명한 왕은 "걱정 없이 부모를 봉양하고 처자식을 충분히 먹여 살릴 수 있을 정도의 안정된 생업을 국민에게 제공"한 이후에 윤리와 도덕을 가르쳐 올바르게 살아가도록 해줘야 한다고 말합니다. 맹자는 통치라는 목적을 위해 잔인하거나 비열한 방법을 동원하는 걸 용납하지 않았습니다.

맹자의 방식과 마키아벨리아의 방식 중 무엇이 더 효과적이었을까요? 사실 두 사람 다 등용되지 못했으니 자신들의 방식을 실현해보진 못한 셈입니다. 다만 중국을 통일하고 전국시대를 끝낸 진秦나라가 채택한 것이 마키아벨리에 가까운 법가였다는 점에서, 간접적 비교는 가능할지도 모릅니다. 이때 진시황의 재상이었던 이사李斯는 법에 의한 정치와, 목적을 위해 수단을 가리지 않는 방법을 이용해 통일에 기여합니다. 이렇게 보면 결국 마키아벨리의 방식이 맹자의 방법을 이긴 듯합니다. 그렇지만 그렇게 온갖 음모와 술수를 동원해 세운 통일 국가는 쉽게 무너져 내렸습니다. 결국 공포 정치에 시달린 백성들과 억압받는 각지 지방 세력의 반란이 폭발해 15년 만에 멸망하고 말았지요. 그 후에 들어선 한漢나라는 유가를 국가적 이념으로 삼아 오랜 기간 통일을 이루는 데 성공하며, 그 뒤를 이은 다른 통일왕조들도 그 방식을 따릅니다. 그러니 당장의 효과는 나지 않아도 맹자의 방법이 장기적으로 더 든든한 듯싶습니다.

새 점령지를 다스리는 방법

맹자 시절의 중국이나, 마키아벨리 시절의 이탈리아나 혼란기였기 때문에 새로이 다른 나라를 점령하거나 군주가 바뀌는 경우가 잦았습니다. 특히 약한 나라는 강대국이 호시탐탐 노리는 제물

이 되었죠. 다른 나라를 점령하여 이를 다스리는 방법에도 맹자와 마키아벨리는 확실한 차이를 보입니다. 맹자는 그 나라의 백성들을 안정되게 하는 데 주안점을 두지만, 마키아벨리는 어떻게 하면 점령한 곳을 계속해서 유지할까 하는 문제에 골몰합니다. 두 사람은 문제를 보는 방향이 근본적으로 다른 겁니다. 맹자는 백성을, 마키아벨리는 군주를 중심으로 생각하기에 자기 나라를 다스릴 때나 다른 나라를 대할 때나 구체적인 방법들이 다르게 나타나는 겁니다.

가령 새로 점령한 곳을 유지하는 일에 가장 중요한 것이 백성의 호응이라는 사실은 둘 다 인식하고 있습니다. 그래서 두 사람 모두 점령지 백성에게 세금의 부담을 늘리지 않고, 생업을 보장해야 한다고 강조합니다. 그렇지만 마키아벨리는 군주의 권력 안정을 위한 방법으로서 그런 정책을 제안하는 것입니다. 그러기에 군주가 '그 지역의 수장이자 보호자'로 입지를 다져야 한다고 말합니다. 반면에 맹자에게 있어 군주란 오로지 백성을 잘 살게 하기 위해 존재합니다. 그래서 점령지에서도 무조건 착한 정치를 베풀어야 하며, 백성들의 삶을 우선시해야 한다고 합니다. 그렇게 점령지의 백성들에게 믿음을 얻으면 그들이 자신들을 다스려 달라고 간청할 것이며, 아직 점령 못한 다른 나라의 백성들도 그렇게 바랄 것이기에 천하를 쉽게 통일할 수 있다는 이야기죠. 이처럼 맹자는 혼란의 종식인 통일도 백성 입장에서 바라보는 것이지 군주의 입장에서 바라보지 않습니다.

조금 더 구체적으로 들어가볼까요? 『맹자』에서 제齊나라 선왕宣王이 이웃 연燕나라에 내분이 일어나고 폭정이 펼쳐지자 군대를 보내 정벌한 일이 나옵니다. 폭정에 시달린 연나라 백성은 성문을 열어 제나라 군대는 힘도 안 들이고 점령합니다. 그런데 제나라가 연나라를 이기고 강성해질 걸 두려워한 다른 나라들이 제나라로 쳐들어오려 합니다. 왕이 맹자에게 대책을 묻자 이렇게 답합니다.

> 지금 땅은 배나 더 키우고서 사람을 위주로 하는 정치는 행하지 않는다면, 이건 제나라를 제외한 다른 여러 나라들이 연합군을 조성하도록 부추기는 것이나 마찬가지입니다. 왕께서는 빨리 명령을 내려 포로로 잡아오던 노약자들을 돌려보내시고 그 나라 보물들을 수송해오던 것을 중지하시며, 연나라 국민과 상의해서 새로운 연나라 지도자를 선발해서 세우신 뒤에 그 나라에서 철수하신다면 그대로 전면전이 일어나기 전에 전쟁을 막아볼 수 있을 것입니다.

곧 맹자가 보기에 다른 나라를 점령하는 것은 군주의 영광이나 권력을 위해서가 아닙니다. 그 나라 사람들의 삶을 더 낫게 할 수 있을 때만 해야 하는 일인 거죠.

반면에 마키아벨리는 새로 얻은 영토를 다스리는 법을 여러 경우에 맞게 설명하고 있습니다. 원래 점령지의 정치제도가 어떠했는지, 또는 그 통치자의 다스림은 어떠했는지, 반란에 의해 집권자가 바뀐 것인지, 언어의 차이는 없는지, 또는 새로운 집권자가 그 영토에 머무를 수 있는지와 같은 여러 조건의 차이에 따라 여러 방법을 이야기합니다. 예컨대 자신이 통치하지 않았던 땅을 지배한 정복자라면 최선은 그 땅에 거주하는 것이며, 아니면 아예 식민지를 만들어 다스리라고 조언합니다. 또한 어중간한 조처는 피해야 한다면서, "사람들에게 피해를 입히려면 복수를 두려워할 필요가 없을 정도로 아예 크게 입혀야 한다"고 말합니다. 이런 것들을 보면 마키아벨리는 철저하게 정복자·왕·군주의 입장에서 모든 일을 바라보고 조언한다는 걸 느낄 수 있습니다. 점령지 백성들의 민심을 살피는 것은 다른 여러 조건들 가운데 하나일 뿐입니다.

이 정도면 둘의 인식 차이가 분명해졌을 겁니다. 맹자에게는 백성은 하늘이고 군주는 관리자에 지나지 않았습니다. 그래서 통일은 군주의 힘으로 되는 것이 아니라 백성들이 훌륭한 인품을 가지고 좋은 정치를 베푸는 왕을 원해 찾아가기 때문에 이루어진다고 주장하지요. 반면에 마키아벨리에게 백성의 존경과 믿음을 얻는 것은 군주의 권력 유지를 위한 방법 중 하나입니다. 군주는 그뿐만 아니라 여러 상황을 객관적으로 판단하고, 군사력도 갖추고, 외교적인 수완이나 정략에도 밝아야 하며, 또 행운도 따를 때 나라를 유지할 수 있다고 이야기합니다. 곧 그는 철저하게 군주의 입장에 서 있는 것이지요. 아마도 마키아벨리는 『군주론』을 군주의 마음에 들기 위해 썼기 때문일 겁니다.

무력이냐 민심이냐

맹자의 시대 이름은 '전국戰國'입니다. 나라와 나라가 싸우던 시대라는 것이죠. 이 시기에는 큰 나라가 일곱이 있었습니다. 작은 나라도 꽤 있었지만 큰 나라와의 싸움에서 지고 합병되어 큰 나라는 더욱 커졌죠. 또 큰 나라들끼리도 수없이 전쟁을 벌였기에 '전국시대'라 부르는 겁니다. 이렇게 전쟁이 많던 시절인데 『맹자』에는 전쟁 이야기가 거의 없습니다. 물론 제나라가 연나라를 침략한 것 같은 사실은 있지만, 전쟁을 어떻게 해야 한다는 것 같은 이야기는 하나도 나오지 않습니다. 전쟁의 결과로 나라가 망하고 흥하고 하는 시대였지만, 의도적으로 그런 이야기는 피한 것이죠. 맹자는 그저 백성을 편안하게 하는 게 통일의 길이라고 강조했습니다. 이런 것을 보면 맹자나 그의 제자들은 전쟁에는 전혀 관심이 없었던 것 같습니다. 전쟁을 맡는 장군이 아니라 학자였기 때문이었을까요?

반면 마키아벨리도 군사 전문가는 아니었지만, 아주 적극적으로 전쟁에 관한 이야기를 합니다. 그리고 전쟁에서 이기는 군주를 찬양하지요. 교황 알렉산데르 6세의 아들로 교황군을 이끌고 이탈리아를 뒤흔들었던 체사레 보르자는 마키아벨리의 영웅이었습니다. 그는 권모술수도 잘 부리고 군사적으로도 뛰어난 전략가여서 거의 모든 전투에서 승리합니다. 마키아벨리는 그가 병으로 일찍 죽지 않았더라면 이탈리아를 통일하는 훌륭한 군주가 되었을 것이라고 여기는 듯합니다. 이렇듯 마키아벨리는 전쟁과 전략에 관심이 많았습니다. 그래서 그가 피렌체 정부에서 정무를 맡았을 때 군대 창설을 주도하기도 합니다. 이런 것을 보면 마키아벨리는 전쟁을 잘 치르는 것이 국가에 중요하다고 생각했다는 걸 알 수 있습니다.

그는 우선 당시 군사제도에서 보편적인 방식이던 용병 고용을 반대합니다. 용병은 돈을 버는 게 목적인 군대이기 때문에 승리를 위해 목숨을 걸지 않는다는 것입니다. 또한 용병을 이용해서 승리를 하더라도 뒤처리가 곤란하고, 비용도 계속 들어가는 문제가 있습니다. 용병 부대의 구성 역시 고용하려는 나라에서 필요로 하는 것과 달라서 전쟁에서 전략적으로 비효율인 경우가 많다고 지적합니다. 그는 용병과 관련된 이탈리아의 당시 사례와 역사적인 사실들을 살펴보며 용병 무용론을 주장하죠. 이는 마키아벨리가 역사와 군사학을 깊이 탐구하며 내린 결론이며, 그래서 피렌체에서 민병대를 만들었을 겁니다.

마키아벨리는 용병만 부정적으로 생각한 것이 아니며, 외국의 군대를 끌어들이는 건 더 피해야 할 일이라 강조합니다. 당시 이탈리아의 각국들은 필요에 따라 프랑스와 스페인 군대와 결탁했습니다. 마키아벨리는 이런 경우 자신이 얻으려는 것보다 더 많은 걸 외국 군대에 내줄 수 있다고 경고합니다. 별다른 욕심 없이 큰 희생을 감수하며 자기 나라의 군대를 보내줄 왕은 없으니까요. 항상 그 비용보다 훨씬 많은 것을 얻으려 할 테죠. 따라서 외국 군대를 불러들인 세력은 목적을 달성해도 얻을 것이 별로 없고, 그 이전보다 훨씬 더 불안정한 상태가 된다고 경고합니다.

마키아벨리는 한걸음 더 나아가 전쟁에 대한 연구는 군주가 반드시 해야 할 임무라고 선언합니다. 군주라면 마땅히 '전쟁, 전술 및 훈련을 제외하고는' 다른 일에는 관심을 가지지도 말고, 다른 취미에 몰두하면 더더군다나 안 된다는 겁니다. 다만 군주의 사냥은 허락하는데, 군사훈련의 일환이 될 수 있어서입니다. 그밖에 군주는 전술적인 지형을 깊이 연구해야 하며, 역사에 나오는 전투를 통해 위인들의 전술을 배워야 한다고 강조합니다. 군주는 전략가이며 장군이어야 한다는 것이 마키아벨리의 주장이지요.

맹자가 살았던 시대에서도 전쟁에 대한 연구는 중요했습니다. 그래서 맹자보다 이른 시기에 살았던 손자가 쓴 『손자병법』이라는 병법서가 있었고, 오기吳起란 사람이 지은 병법서도 있었죠. 이들 병법서의 내용은 서양의 것보다 훨씬 정교하기도 했습니다. 그만큼 당시 중국에서 군사에 대한 연구가 많이 되었던 겁니다. 그러니 맹자도 병법서에서 하는 이야기들을 알았을 가능성이 높습

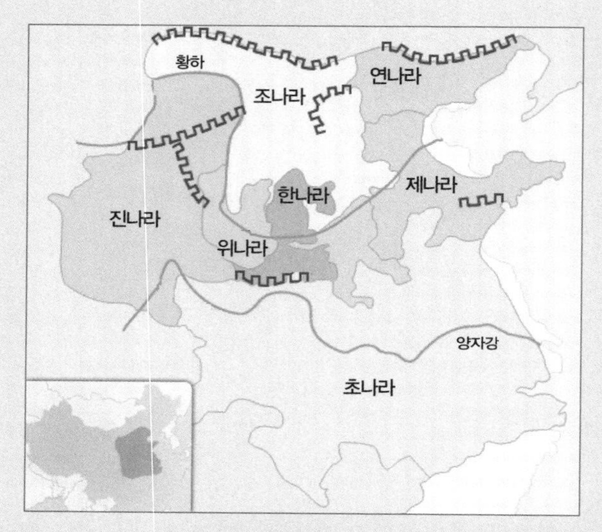

맹자가 살았던 전국시대는 중국이 일곱 개의 큰 나라들로 나뉘어 매일같이 전쟁을 벌인 혼란기였다. 전쟁의 규모가 이전 시대와 비교할 수 없이 커져 수십만 명이 전쟁에 동원되고 죽는 일이 허다했다. 일곱 나라의 왕들은 전쟁으로 영토를 넓히고, 다른 나라를 정복하는 데 골몰했지만, 맹자는 "세상의 지도자란 자들이 모두 사람 죽이는 것을 좋아"한다고 비판하며 그러지 않는 사람이 천하를 통일할 수 있을 것이고 주장한다. 전쟁이 불가피하더라도 최소화되어야 한다는 의미일 것이다.

니다. 그렇지만 『맹자』에서는 그에 관해서는 거의 아무런 언급조차 하지 않지요. 이는 맹자가 전쟁을 무엇이 목적이든 바람직한 수단으로 보지 않았기 때문일 겁니다. 그리고 춘추시대에 주나라 왕을 대신해 제후들을 이끈 패권국들이 있었는데, 이를 두고 "힘으로 인仁을 가장하는 것"이었다며 깎아내립니다. 패권의 실제는 '군대의 힘'이었다는 걸 경계한 말이죠. 맹자가 생각한 궁극적인 통일 정책은 백성을 편안하게 하여 백성의 마음을 얻는 것입니다. 맹자는 백성을 사랑하고, 그들이 풍족해야 나라가 안정된 후에 천하가 자연히 덕이 있는 군주의 것이 될 거라고 말했습니다.

맹자는 이렇듯 전쟁을 좋게 보지 않지만, 그가 두둔하고 필요성을 인정한 전쟁도 있습니다. 대표적으로 상나라의 탕왕湯王과 주나라의 무왕武王의 전쟁입니다. 이 둘은 폭군을 몰아내고 새로운 왕조를 열었다는 공통점이 있습니다. 이렇게 맹자는 가혹한 통치에 시달리는 백성들을 구하려는 전쟁은 정당하며, 상대 나라의 백성들에게도 환영받는다고 이야기합니다. 그럴 때는 "동쪽을 정벌하러 가면 서쪽 나라 백성이 왜 우리부터 정벌하러 오지 않느냐고 원망하고, 남쪽으로 정벌하러 가면 북쪽 나라 백성이 왜 우리부터 정벌하러 오지 않느냐고 원망"하기까지 한다는 것이지요. 이것이 맹자의 이상적인 전쟁관이라 할 수 있습니다.

인간의 본성

맹자와 마키아벨리는 혼란한 세상에 대한 서로 다른 해법을 제시하고 있습니다. 그 차이가 너무 커서 어떨 때는 왜 이렇게 다른가 하는 생각마저 듭니다. 꼭 시대와 공간이 달라서만도 아닐 겁니다. 맹자의 시대에도 한비자韓非子와 이사처럼 마키아벨리와 비슷한 생각을 하는 사람들이 있었습니다. 또 마키아벨리 시절의 이탈리아에도 맹자처럼 난세를 이기는 힘이 '사랑'이란 생각을 지닌 사람도 있었을 겁니다.

맹자와 마키아벨리의 서로 다른 주장의 바탕에는 인간에 대한 근본적으로 다른 인식이 있습니다. 곧 맹자는 사람의 성품은 본디 선한 것이어서, 그것을 발전시키면 세상이 올바로 돌아갈 수 있다고 이야기합니다. 선한 행동이 한 사람에게서 집안으로, 집안에서 마을로, 마을에서 나라로 퍼져나가면 천하가 평안하게 된다는 것이죠. 반면에 마키아벨리의 생각 밑바닥에는 인간 본성에 대한 불신이 있습니다. 인간에게는 선한 마음보다는 악한 마음이 많으며, 그것을 적절하게 통제하고 이용하지 않으면 사회나 국가는 제대로 돌아가지 않는다는 겁니다. 그래서 군주는 인간의 본성을 잘 파악해서 이를 이용해 국가를 장악하고 부강하게 만들라는 것이지요. 맹자와 마키아벨리의 생각 차이는 바로 성선설性善說과 성악설性惡說의 차이라고 말할 수 있습니다. 이 논쟁은 지금 현재도 계속

되고 있죠.

『맹자』에서 성선설은 중요하게 다뤄집니다. 맹자는 인간에게는 누구나 다른 사람을 불쌍하게 여기는 마음(측은지심惻隱之心), 자신의 옳지 못함을 부끄러워하고 남의 옳지 못함을 미워하는 마음(수오지심羞惡之心), 자신이 가지거나 누릴 것이 아니면 사양하는 마음(사양지심辭讓之心), 옳고 그름을 가릴 줄 아는 마음(시비지심是非之心)의 네 마음이 있고, 그 때문에 사랑[仁], 옳음[義], 예의[禮], 앎[智]이라는 사람이 갖춰야 할 네 가지 덕목이 생긴다는 이론을 세웁니다. 누구나 이렇게 선한 마음이 있기에, 이것을 확장할 수만 있다면 세상이 평화로워진다는 게 맹자의 기본 관점입니다. 예를 들어 어버이가 있고 자식이 있으면, 어버이가 자식을 사랑하고 그 사랑을 받은 자식이 어버이를 공경합니다. 이런 관계가 좀 더 넓은 범위의 친족과 이웃들로 번지고, 군주가 백성을 사랑하고 백성이 군주를 따르는 식으로도 확장됩니다. 그것이 결국 나라를 다스리는 기본 원리가 되는 거지요. 천하가 이렇게 다스려져야 한다는 겁니다.

마키아벨리의 『군주론』에는 『맹자』처럼 인간의 원초적인 성품에 대해 이론적으로 서술하고 있는 부분은 없습니다. 마키아벨리 자신이 관료였고, 인간의 성품은 관심사가 아니었기에 그런 서술을 하지 않았겠죠. 더군다나 이 책은 새로 등극한 군주에게 헌정하는 것이었으니 군주의 필요와 안 맞게 '인간의 본성'을 늘어놓고 있을 수도 없었을 겁니다. 그렇지만 그의 서술을 살펴보면 그가 이 문제에 대해 어떻게 생각했는가를 파악해볼 수 있습니다.

먼저 그는 군주가 "사랑을 받는 것보다 두려움의 대상이 되는 것이 훨씬 안전하다"고 이야기합니다. 그 이유는 "인간이란 은혜를 모르고, 변덕스러우며, 위선자인 데다 기만에 능하며, 위험을 피하고 이득에 눈이 어둡"기 때문이라는 겁니다. 마키아벨리는 맹자와 달리 사람의 선한 마음을 믿지 않았는데, "인간은 지나치게 이해타산적이어서 자신들의 이익을 취할 기회가 있으면 언제나 자신을 사랑한 자를 팽개쳐버"릴 것이라 주장합니다. 그러니 군주에게 사람을 믿고 사랑으로 대하기보다, 경계하면서 군림할 것을 권합니다. 필요하다면 때로는 잔인하게 짓밟으라고도 이야기하죠.

가령 마키아벨리는 『군주론』 5장에서 "자유로운 생활 양식에 익숙해진 도시국가의 지배자가 된 자로서 그 도시를 멸망시키지 않는 자는 누구나 그 도시에 의해서 자신이 파멸될 것을 각오해야 할 것이다"라고 합니다. 자유로운 도시국가에 살던 이들은 정복당했을 때 반드시 반란을 일으킬 테니 철저하게 파괴해야 후환이 없어진다는 것이지요. 맹자라면 분명히 그런 이들을 힘으로 제압하기보다 마음으로 따르게 해야 한다는 반대 의견을 가졌겠죠. 마키아벨리는 세상을 무한 경쟁으로 보고, 상대를 적으로 간주합니다. 물론 그 상대방도 나를 똑같이 보겠지요.

그래서 "군주는 모름지기 인간에게 합당한 방도를 사용할 뿐 아니라 짐승을 모방하는 방법도 알아야 한다"고 강조합니다. 인간적인, 곧 도덕적인 방법만으로는 안 된다는 것이죠. 이 역시 사람의 본성을 악한 것으로 본다는 증거일 겁니다. 그는 군주에게는 특히 '여우'와 '사자'의 기질이 필요하다고 말합니다. 때로는 여우처럼 거짓말쟁이면서 위선자가 될 줄 알아야 하고, 또 때로는 사자처럼 저돌적으로 힘을 행사할 줄도 알아야 한다는 것이죠. 『군주론』의 관점에서는 인간의 성품은 악하며, 따라서 군주가 악한 백성을 다스리는 방법 또한 악할 수밖에 없습니다. 다만 인간의 본래 성품만을 따로 떼어서 이야기하지 않을 뿐이죠.

또 다른 비교

『맹자』를 보면 맹자가 비록 등용되기를 바라는 사람이지만, 왕과의 대화에서 늘 왕을 쩔쩔매게 만듭니다. 얼핏 보면 맹자는 늘 '당연지사'만 늘어놓는다고 생각을 할 수도 있습니다. 그러나 『맹자』를 읽어보면 예화와 비유를 절묘히 동원하며 논리적으로 상대를 꼼짝 못하게 만들곤 합니다. 어쩌면 수사학의 전범으로도 충분할 정도죠.

그러니 왕은 맹자에게 질문을 했다가 무안당하기 일쑤이며, 맹자는 거침없이 왕을 훈계합니다. 어찌 보면 맹자가 왕 앞에서 면접을 보는 것이 아니라 왕이 맹자에게 면접을 보는 것도 같지요. 맹자가 생각하는 신하는 왕의 명령을 따르기만 하는 존재가 아닙니다. 오히려 왕의 뜻을 거스를지라도 올바른 정치를 하도록 인도해야 합니다. 그리고 왕이 끝내 말을 듣지 않으면, 왕을 버리고 떠날 수도 있어야 합니다. "자기를 굽히는 사람은 결코 남을 곧게 펼 수 없는 법"이니 자신을 굽히면서까지 자리에 연연해선 안 된다고 말합니다.

이런 내용을 보면 맹자가 왕과 신하의 관계를 일방적인 상하관계로 보지 않았다는 짐작을 해보게 됩니다. 형식적으로는 밑에 있지만, 실질적으로는 대등한 관계가 아닌가 하고 말이지요. 결국 맹자의 요점은 왕은 신하를 잘 뽑아서 국정을 맡겨야 하고, 자신의 욕심에 따르지 말고 신하의 충고를 잘 들어야 한다는 겁니다.

맹자의 이런 생각은 당시에는 어느 왕도 듣지 않았지만, 나중에 유학이 국가의 기반이 된 이후에는 상당히 큰 영향력을 발휘합니다. 우리가 잘 아는 조선 초기 정도전과 이방원의 다툼도 결국 왕이 중심이 되어 나라를 다스려야 하는지, 신하가 중심이 되어야 하는지를 놓고 부딪힌 것이었죠. 조선 중·후기에도 나라를 다스리는 실권이 왕보다 신하들에게 있던 적이 있었습니다. 이런 일들은 맹자의 영향이라고 보아도 좋습니다. 『맹자』는 이처럼 '왕은 그리 중요하지 않다'는 입장을 보이기도 하기에, 어떤 황제와 왕들은 이 책을 껄끄러워하기도 했습니다. 그래도 유학에서 『맹자』의 지위는 확고합니다. 유학에서 맹자는 공자 다음의 위치를 차지하고 『맹자』는 『논어』, 『대학』, 『중용』과 함께 네 가지 중요한 경전인 사서四書에 들어갑니다. 과거시험을 봐서 나라를 다스리는 관료가 되려는 사람들은 『맹자』를 안 볼 수가 없었지요.

『군주론』에도 물론 신하의 등용에 대한 이야기가 있습니다. 군주가 신하 없이 모든 일을 처리할 수는 없기 때문이죠. 그러나 신하가 군주의 권력을 뛰어넘는다는 것은 상상할 수 없습니다. 이것은 막 군주의 직위에 오른 사람에게 바치는 책이니 당연한 일이었을 것입니다. 마키아벨리는 "관리를 선택하는 것은 군주의 지혜"라 합니다. 그리고 "군주의 일이 아닌 자신의 일에 신경을 쓰는 신하는 좋은 신하가 아니며, 충성하는 신하는 우대하여 부유하게 하며, 명예와 관직으로 보상"하라고 하죠. 신하가 이러쿵저러쿵 군주를 간섭하는 것은 가당치도 않은 일로 여기며, 그저 충성하고 능력 있는 신하만 우대해주라는 겁니다. 결국 모든 것은 군주의 손에 달려 있습니다. 『군주론』에서 신하는 백성보다도 낮은 비중이며 거의 군주의 부속물로 여겨집니다. 마키아벨리 자신이 신하였기에 더 낮춘 것일 수도 있겠지요.

이 『군주론』은 지금부터 500여 년 전의 책이지만 지금까지도 읽히고 있습니다. 그만큼 이 책에서 얻을 수 있는 내용이 여전히 많다는 이야기일 겁니다. 마키아벨리 시절에는 정치학이나 외교학 같은 학문의 분야는 없었지만, 현재의 정치학이나 외교학은 대개 이 책이 시발점이 되었다고 여깁니다. 그리스나 로마에도 정치철학이 있었지만 그것은 추상적인 내용들이었고, 이 책이 실제 정치 환경에서 현실적인 방법을 찾는 책이어서 귀중했을 겁니다. 그래서 시간이 갈수록 그 가치가 더욱 부각되었지요.

『군주론』과 『맹자』 이 두 책은 그 이후의 정치와 역사에 그보다 더 큰 영향을 준 책을 찾기 힘들 정도로 강력한 영향을 미쳤습니다. 서양에서 『군주론』은 이후 제왕학의 기초적인 교과서가 되었고, 『맹자』 역시 사대부들의 정치 참여에 지대한 영향을 미치고, 관료들을 위한 지침이 되었으니까요. 이 두 책의 핵심적인 메시지들은 오늘날에도 유효합니다.

3장

총, 균, 쇠 VS 사피엔스

문명을 읽는 코드

문명을 읽는 코드

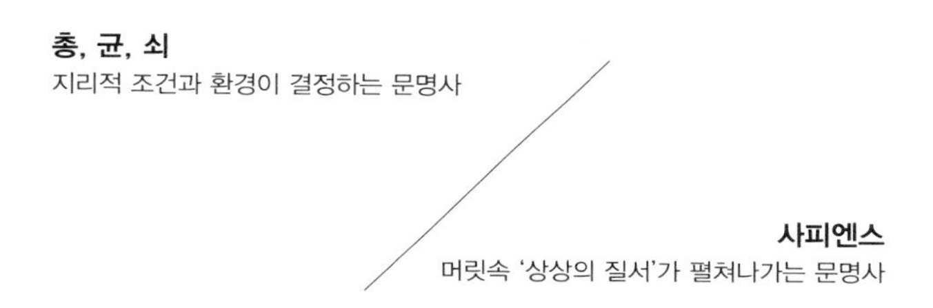

자신의 문명에 대한 궁금증

지금 지구에 사는 인류의 궁금증 가운데 하나는 인류 자신의 능력에 관한 것입니다. 어떻게 인간은 다른 동물은 이루지 못한 문명을 만들 수 있었나 하는 의문이죠. 스스로가 이룬 문명에 스스로가 놀라고 있는 정도입니다. 현생인류라 부르는 호모 사피엔스가 출현한 것이 15만 년 전이라 하는데, 실제 문명이라 할 만한 것을 이룬 것은 근 1만 년 동안입니다. 이 시간은 호모 사피엔스의 역사에서도 짧은 기간이고, 지구나 생물의 역사에 비하면 찰나에 불과한 시간이죠. 더군다나 그 1만 년이란 시간 가운데서도 지금과 같은 현대문명을 이룬 것은 약 300년에 지나지 않습니다. 그 시간 동안 인류는 자신의 영역을 세계 거의 모든 오지까지 넓히면서 번성하게 되었고, 그동안 지구가 몇억 년 동안을 쌓아놓았던 에너지(석유·석탄·가스 등)를 아낌없이 쓰고 있으며, 온갖 도구를 만들어 일과 생활을 완전히 바꾸어놓았고, 교통과 통신의 발달로 시공간의 제약을 한층 줄였으며, 온갖 기록과 학식으로 이 세계와 우주에 대한 방대한 지식을 쌓았습니다.

우리가 어떻게 이런 일을 할 수 있었을까요? 한 개인이 놀라운 일을 해내도 여러 원인이 얽혀 있기 마련인데, 인류가 이룩한 문명은 섣불리 어떤 원인 때문에 그랬다고 말하기는 어렵습니다. 세계 곳곳에 사는 수많은 인류가 엄청나게 긴 세월 동안 만들어낸 문명에 대해 그 과정과 동인을 분석해내기란 결코 쉬운 일이 아닙니다. 또 역사를 보면 같은 인간인데도 어떤 지역에서는 문명이 눈부시게 발달한 반면, 또 다른 지역에서는 최근까지 원시에 가까운 삶을 살았습니다. 이런 차이가 무엇 때문인지 하는 의문도 있습니다. 고고학과 역사, 인류학과 과학을 공부하고 통찰력을 갖추어야만 이 문명의 발생과 앞으로의 발전 방향에 대해 큰 얼개를 이야기할 수 있을 테지요. 그러기에 문명의 해석에는 다양한 지식과 거시적인 통찰력이 필요합니다.

이 문명의 해석에 관해서 여러 사람들이 읽고 수긍한 책으로는 재레드 다이아몬드의 『총, 균, 쇠』와 유발 하라리의 『사피엔스』를 들 수 있습니다. 이 두 책은 문명의 발생과 요점을 서로 다른 각도에서 들여다보고 있습니다.

재레드 다이아몬드는 생리학·조류학·진화생물학·생물지리학을 연구한 정통 과학자입니다. 그러나 그는 차츰 연구의 영역을 역사와 고고학에까지 넓혔으며, 그 연구들을 종합해 저술한 문명론이 바로 『총, 균, 쇠』입니다. 그는 이 책의 제목처럼 총이 대표하는 무기, 병균이 대표하는 전염병, 그리고 쇠가 대표하는 금속, 이 세 가지를 키워드로 삼아 인류 문명의 탄생과 전파를 살펴봅니다. 그는 과학자답게 역사학에서 잘 다루지 않는 야금술이나 병원균 같은 독특한 소재로 문명 전파의 실마리를 풀어갑니다.

한편 유발 하라리는 역사학을 전공한 정통 인문학자입니다. 그는 고고학과 인류학의 최신 발견까지 섭렵하여 문명의 흐름을 추적합니다. 그 역시 전통적인 역사학의 서술과 달리 인간의 진화에서부터 문명의 발전을 추적합니다. 인간이 다른 사람속屬(인류와 그 친척 종들을 포함하는 생물학적 분류로 인류 외의 다른 종은 모두 멸종)과의 싸움에서 승리하고 지구의 곳곳으로 퍼져가는 과정, 그러면서 언어와 종교와 같은 정신 능력을 진화시키고 농업과 국가, 제국과 종교, 그리고 과학혁명에 이르기까지의 과정을 넓은 시야로 훑어갑니다. 그리하여 소비주의와 자본주의에 이른 문명의 총체적인 현상과 그 미래까지 논하지요.

그렇지만 이들의 거시적 통찰을 읽을 때는 조심해야 할 점들이 있습니다. 첫째는 큰 줄기만을 이야기하기 때문에 작은 사실들은 무시하는 경우가 많다는 점을 염두에 두어야 합니다. 이를테면 수렵·채취 사회의 특성을 이야기하면서 현재 발견되는 수렵·채취 사회의 특성만으로 좁혀 뭉뚱그릴 때도 있고, 환경에 따라 여러 형태의 수렵·채취 사회가 있다고 하면서도 그 특징을 서술할 때는 한 가지로 이야기하기도 합니다. 사실 문명과 같은 거대한 이야기를 할 때 우리가 지닌 고고학적 지식의 한계 때문에 세세한 곡절을 다 이해하고 설명하기란 힘듭니다. 단순하게 큰 흐름만을 제시하지만, 그러다보니 놓치게 되는 사항도 적지 않지요. 그래서 이런 개략적인 이론들을 읽을 때는 그것이 전부 옳은 것이 아니라 큰 틀에서 대체로 그렇다는 사실을 염두에 두고 읽어야 합니다.

또한 책 한 권의 분량으로 긴 역사를 꿰뚫는 거대담론을 펼치려면 일일이 다 거명하기 어려우니 특정한 원인이 지나치게 강조될 수밖에 없습니다. 그렇지만 그것이 어떤 변화의 원인 전부인 건 아니란 얘기지요. 예를 들어 학교 폭력의 원인을 폭력적인 TV나 영화, 게임, 유튜브 등의 영향으로만 설명할 수 없는 것과 마찬가지죠. 어떤 특정한 원인이 계기가 되었더라도 부수적인 조건들이 없었다면 변화가 이루어지지 않을 수도 있다는 뜻입니다. 그러나 거시적 관점에서는 나머지 조건들을 무시하고 이론을 전개하는 경우가 왕왕 있으니, 이를 감안하여 사건에 따라 실제로는 그렇지 않을 수도 있다는 의심을 머릿속에 둘 필요가 있습니다.

그밖에도 이론을 단순화시키기 위해서 수많은 지엽적인 변수를 생략하는 문제도 있습니다. 화약이나 나침반, 또는 향신료처럼 한 지역의 생산물이 다른 지역으로 전파되어 큰 변화를 불러일으키고 이권 쟁탈전을 일으킨 경우도 많이 있지만, 이런 세부적인 내용들이 거시적인 측면에서는 종종 무시되지요. 이런 점들에 유의하면서 두 책의 문명에 대한 관점이 어떻게 다른가를 살펴보겠습니다.

인지혁명과 언어혁명

인류 문명은 대략 1만 년 전 농업과 함께 시작했다고 여겨집니다. 그리고 현생인류 종인 호모 사피엔스는 대략 15만 년 전 아프리카 대륙에서 사람속 가운데서 종의 분화가 이루어지며 나타났습니다. 이들은 대체로 수렵과 채취를 하면서 생활했다고 합니다. 그러다 호모 사피엔스가 두 차례에 걸쳐 아프리카에서 나와 다른 대륙으로 이주하기 시작했지요. 첫번째 이주는 정착에 실패했지만, 두번째에서는 세계 구석구석까지 이주해 살게 되었다는 것이 일반적인 견해입니다. 여기까지는 다이아몬드나 하라리 둘 사이에 별로 이견이 없습니다.

그런데 호모 사피엔스가 같은 시기에 공존했던 네안데르탈인과 같은 사람속의 다른 종들과의 경쟁에서 이길 수 있었던 이유에

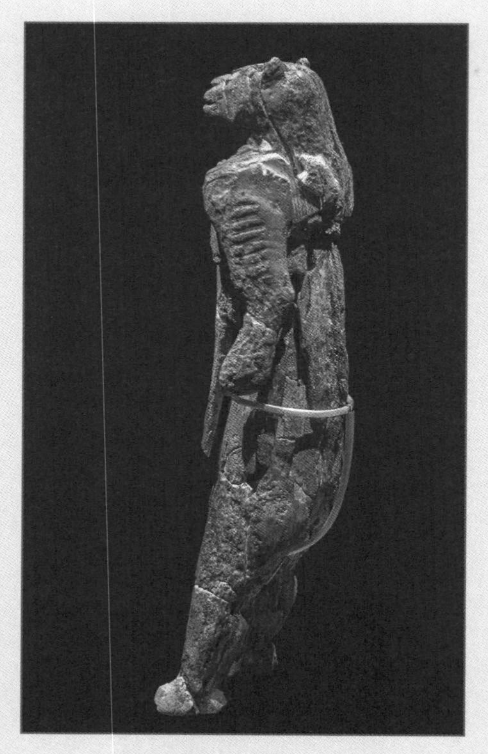

인간을 인간으로 만든 것은 무엇일까? 유발 하라리는 '존재하지 않는 것을 존재한다고 상상할 수 있는 능력'이라고 말한다. 가족이 죽었을 때 슬퍼하는 것은 침팬지도 마찬가지지만, 죽은 사람의 영혼이 저승에 가서 산다는 상상은 인간만이 할 수 있다는 이야기다. 인간의 그런 상상의 능력이 종교, 화폐제도, 정치제도 등 사회를 조직하고 움직이는 질서를 만들면서 지금과 같은 문명으로 발전했다는 게 『사피엔스』의 주요 내용이다. 독일 슈타델 동굴에서 발견된 이 3만 5000년 전의 '사자-인간' 조각상은 존재하지 않는 것을 상상하는 인간의 능력을 보여주는 가장 오래된 종교 예술품이다.

대해서는 둘의 의견이 다릅니다. 『총, 균, 쇠』에서는 (확실한 원인으로 지목하지는 않지만) 5만 년에서 10만 년 전 사이에 있었던 발성 구조의 변화를 중요한 요소로 꼽습니다. "후두가 완성됨에 따라 현대적 언어를 위한 해부학적 기반이 마련되었으며 언어야말로 인간 창의성을 구현하는 밑바탕"이라는 것이지요. 호모 사피엔스의 언어능력이 다른 사람속에 속하는 다른 종들과의 결정적인 차이가 되었다는 뜻일 겁니다.

그러나 『사피엔스』는 7만 년 전의 인지혁명이 결정적인 차이를 만들어냈다고 단언합니다. 그러니까 어떤 진화적 변이로 인해 우리 뇌가 독특하게 발달했고, 그 결과 "전에 없던 방식으로 생각할 수 있게 되었으며 완전히 새로운 유형의 언어를 사용해서 의사소통을 할 수 있게 되었다는" 것입니다. 그것이 네안데르탈인과 같은 다른 사람속 친척들을 훨씬 앞서게 된 원인이라는 이야기이지요.

어찌 보면 두 사람의 의견이 비슷한 것 같습니다. 둘 다 언어능력에서 차이점을 찾은 것이니까요. 그러나 의미는 사뭇 다릅니다. 다이아몬드는 과학자답게 해부학적인 언어능력만 언급하며, 또 그것이 결정적 우위에 선 이유라고 하지는 않습니다. 그렇지만 하라리는 단순히 언어능력이 아닌 세상을 이해하는 '인지' 자체에 주목합니다. 하라리는 호모 사피엔스의 인지능력에 일어난 변화를 이렇게 예를 들어 설명합니다. "조심해! 사자야!"라고 말할 수 있는 것이 그전까지의 사람속 종이 지녔던 언어능력이라면, 호모 사피엔스는 인지혁명으로 "사자는 우리 종족의 수호령이다"라고 말할 수 있게 되었다는 겁니다. 곧 "허구를 말할 수 있는 능력이야말로 사피엔스가 사용하는 언어의 가장 독특한 측면"이라는 것이죠.

이처럼 인지혁명이란 인간이 머릿속에 '상상의 질서', 다시 말해 허구를 창조하고 믿을 수 있는 능력을 얻게 된 것이라고 할 수 있습니다. 그렇기에 "전설, 신화, 신, 종교는 인지혁명과 함께 처음 등장"합니다. 민족이나 국가, 법률 같은 추상적 개념들이 현실에서 힘을 발휘할 수 있는 것도 인간의 이런 인지능력 덕분이지요.

다이아몬드는 인간이 음성을 조절하여 다양한 소리로 뜻과 감정을 전달하는 언어능력을 갖추었으며, 이를 통해 소통의 능력이 향상되고 협력이 쉬워졌다는 점은 분명히 이야기합니다. 하지만 '인지혁명'이니 '상상의 질서'니 하는 추상적인 개념은 아예 언급도 않습니다. 왜냐면 이 개념은 확실한 증거가 없으며, 명확하게 검증할 수 있는 것도 아니기 때문이지요.

『총, 균, 쇠』와 『사피엔스』는 이렇게 책의 서두에서부터 차이점이 명확하게 드러납니다. 다이아몬드는 과학의 입장에서 입증되고 확실하게 밝혀진 것을 전제로 독자에게 문명 발전의 원인이 무엇인가를 설득하려 합니다. 그가 지리적 조건과 자연환경이라는 물리적 요소를 그 원인으로 드는 것도 그에 따른 당연한 선택입니다. 반면 하라리는 인문학자답게 눈에 보이지 않는 인간의 정신적

능력에 주목합니다. 인간의 생각이라는 관념의 세계가 어떻게 머릿속에서 생겨나고, 그것이 이 세상에서 실현되고 계속해서 영향을 미치는지 이야기하지요. 그러기에 이 두 문명론은 언뜻 보면 비슷한 것 같지만 시작부터 아예 다른 길을 걷고 있는 셈입니다. 그래서 다이아몬드는 약 1만 년 전 농업의 시작을 문명의 시작으로 보고 그 이전을 간략하게 넘어가지만, 하라리는 그 이전의 '인지혁명'을 더 중시해서 7만 년 전까지 거슬러 올라가 인간 인지 활동의 증거를 찾습니다. 마치 '물질이 먼저냐 정신이 먼저냐'의 문제처럼 들리기도 합니다. 이는 '닭이 먼저냐 달걀이 먼저냐'처럼 쉽게 판가름할 수 없는 질문입니다.

그러나 그 내용을 들여다보면 상당히 닮은 구석도 많습니다. 다이아몬드의 주장처럼 인간의 후두부가 언어 구사에 적합하도록 변했다는 점은 하라리의 관점에서 봐도 중요한 일이었습니다. 그 덕분에 훨씬 다양하고 풍부한 소리를 낼 수 있고, 자연스러운 높이와 강약 조절이 가능해졌죠. 그래서 노래도 부를 수 있고, 소리에 많은 정보를 담을 수 있어 자연스럽게 말에 포함된 정보량도 늘어납니다.

그렇게 커진 정보량을 처리할 수 있게 두뇌의 용량이 늘어나고 구조가 발달한 것이 '인지혁명'으로 이어졌을 수 있습니다. 뇌의 구조가 많은 정보를 처리할 수 있도록 달라지면 더 고차원적인 사고를 할 수 있게 되고, 그것이 신화와 법률 같은 현실을 지배하는 질서를 만들어내는 데까지 이어질 수 있습니다. 그렇지만 다이아몬드는 과학자라서 오로지 증거를 제시할 수 있는 데까지만 이야기를 하고, 하라리는 인문학자라서 그 단계를 뛰어넘는 추론까지 나아간 것입니다.

여하튼 인류는 아프리카를 나와서 세계 곳곳 퍼져 나갑니다. 바다를 건너 뉴기니와 오스트레일리아로 건너가고, 빙하시대에 해수면이 낮아지면서 시베리아와 알래스카를 잇는 '베링 육교'를 건너 남·북아메리카까지 도달했죠. 그렇지만 인류가 전세계로 퍼져나가는 동안의 행적에 대해서는 거의 알려진 것이 없습니다. 우리는 아직 호모 사피엔스 이외의 여러 사람속 친척이 멸종한 이유도 모르고 있으며, 사람들이 이주한 지역에서 환경에 적응하며 어떻게 살았는지에 대한 지식도 거의 없습니다. 다이아몬드는 이 시기를 잘 모른다고 지나치며, 하라리는 그래도 가능한 범위 안에서 추론하고 있습니다.

농업의 시작

대략 1만 년 전 호모 사피엔스가 살던 일부 지역에서 농업이 시작됩니다. 많은 고고학의 발굴이 이뤄진 결과, 지금의 이라크 일대인 유프라테스강과 티그리스강 사이의 메소포타미아 지역(땅 모양이 초승달 모양이라 '비옥한 초승달 지대'라고 불립니다)에서 농업이 처음 시작되었다는 것이 정설로 자리잡았습니다. 이곳에서 밀과 완두콩, 올리브 등이 작물로 재배되었고, 이 작물들이 차츰 주변 지역으로 퍼져나가며 농업도 함께 전파된 것이죠. 그리고 중국의 황허 문명, 멕시코의 아즈텍 문명, 남미의 잉카 문명 등 다른 몇 군데에서도 독자적으로 그곳에 있던 야생 작물의 재배에 성공해 농업을 시작했지요.

그런데 『사피엔스』에서 유발 하라리는, 농업혁명의 결과로 인구는 늘어났지만 노동시간이 늘어나고 식품의 질은 떨어졌다는 점에 주목합니다. 그는 극단적으로 농업혁명이란 "더욱 많은 사람들을 더욱 열악한 환경에서 살아 있게 만드는 능력"이라고 깎아내리며, "역사상 최대의 사기"였다고까지 하지요.

사실 농업사회에서 그전보다 사람들의 노동량이 증가했다는 건 분명합니다. 이는 많은 역사학자들이 동의하는 바지요. 농사라는 건 손이 많이 가는 일입니다. 봄에 씨 뿌리고 가을에 수확할 때까지 넓은 땅에서 매일같이 힘겨운 노동을 해야 하죠. 반면에 수렵·채취 시대에는 한 번 큰 동물의 사냥에 성공하면 일주일 내내 먹을 수도 있었죠.

하지만 동시에 농업은 이전과 비교할 수 없을 정도로 급격히 식량 생산량을 늘렸습니다. 비록 곡식 위주라서 고기를 많이 먹었던 수렵·채취 시대에 비하면 질은 떨어졌을지 몰라도, 사냥에 실패해서 굶주리는 일은 줄어들었죠. 식량 생산이 늘어나면서 자연히 인구도 늘어났습니다. 지역에 따라 다르기는 하겠지만 수렵·채취 시대에 인구 증가가 더뎠던 이유는 대체로 식량 부족 때문이었습니다. 그 시대에 식량을 구하는 건 사냥의 성공 여부에 달렸기에 식량 공급이 안정적일 수 없었죠. 또 사냥할 만한 동물들이 항상 주변에 있었던 것도 아니었고요. 수렵·채취 시대에 노동량이 적었던 것은 사냥이란 행위가 언제고 가능한 게 아니었기 때문일 겁니다. 그렇기에 고기가 더 질이 좋은 식량이었다고 해도, 그보다는 사냥에 실패해 굶는 날도 많았다는 점을 염두에 두어야 하죠. 따라서 수렵·채취 시대가 농업 시대보다 영양 상태가 좋았다고 일반화하기는 어렵습니다.

제레드 다이아몬드는 『총, 균, 쇠』에서 농업의 시작을 인류 집단이 발전하면서 자연스레 일어난 것으로 설명합니다. 주변에서 잡을 만한 야생동물이 줄고, 또 먹을 수 있는 식물에 관한 지식이 늘면서 조금씩 농업이 시작되었다고 보지요. 무엇보다도 작년까지는 수렵·채취를 하다가 올해부터 갑자기 농사를 짓는 식으로 농업 사회가 시작되는 것은 아닙니다. 아마도 두 단계 사이에는 긴 시간의 적응기가 있었을 겁니다. 수렵·채취로 살아가다 먹을 만한 야생 작물을 조금씩 심어보면서 서서히 농사를 시작했겠지요. 아마도 상당히 긴 시간을 두고 변해갔을 겁니다.

다이아몬드는 처음 농업을 시작했을 때 당시 사람들이 어떤 작물을 선택했을지 꼼꼼히 살펴봅니다. 여러 종류의 작물 후보가 있었겠지만 재배하기 쉽고, 빨리 자라며, 수확이 많이 되는 작물이 선택되었겠죠. 밀·콩·보리·옥수수·쌀 등이 그런 작물들이었죠. 이렇게 가장 적합한 것이 재배된 후에는 다른 지역에 그와 비슷한 종류가 있어도 다시 작물로 만들려 시도하지 않았다고 합니다. 그저 이웃에서 작물로 만든 씨앗을 받아들이기만 하면 되니까요.

다이아몬드는 농업과 함께 가축 사육이 시작되었다는 점에도 주목합니다. 개처럼 수렵·채취 시대부터 가축화된 동물이 있기는 하지만 본격적인 가축 사육은 대개 농업보다는 뒤에 나타났습니다. 아무래도 농사에서 볏짚 같은 잉여물이 나와야 사료로 줘서 가축을 기를 수 있었을 겁니다. 그래서 농업과 함께 서남아시아에선 염소와 양이 가축화되었고, 중국에선 돼지를 길렀고, 잉카에서는 라마를 키우게 되었지요.

가축화 또한 많은 고려가 있어야 하죠. 우선 동물의 식성이 까다롭지 않아야 기르기가 쉽습니다. 동물의 성격도 문제가 됩니다. 너무 사납거나 예민하면 곤란하지요. 그리고 우리에 갇혀 지내는 상태에서도 번식을 할 수 있어야 합니다. 아마 옛날 사람들은 여러 동물들을 가축으로 길러보려 많은 시도를 해보았을 겁니다. 어쩌면 사슴이나 들소 같은 동물들도 길러보려 했을지도 모르죠. 하지만 가축화에 성공한 건 소수였고, 그 대부분이 유라시아 대륙에 있는 동물들이었습니다. 아메리카 대륙에는 가축화될 수 있는 동물이 얼마 없었다고 합니다. 농사와 가축 사육이 결합하면 농작물로는 부족한 단백질을 가축의 고기를 통해 보충할 수 있습니다. 그리고 가축의 분뇨는 거름이 되어 농사에 도움을 주고, 가축은 사람이 먹지 못하는 농작물 부분을 먹어 농업이 순환적으로 돌아가도록 합니다.

물론 다이아몬드가 가축을 강조하는 이유는 뒤에 나오는 전염병 문제에서 가축이 상당히 중요하기 때문입니다. 사람들이 동물을 곁에 두기 시작하면서, 또 사람들이 도시와 촌락에 밀집해 살게 되면서 전염병이 인간 사회에 많은 영향을 끼치게 됩니다. 의학이 발달한 지금도 천연두·에볼라·사스·메르스·코로나19 등이 인간을 위협하며, 조류독감·구제역·아프리카돼지열병과 같은 가축 전염병도 커다란 사회적 문제를 일으키고 있죠.

반면에 유발 하라리는 '상상의 질서'를 강조하기 위해 농업의 형태와 역할을 지나치게 단순화시킨 면이 있습니다. 그가 수렵·채취 사회가 아주 다양한 형태로 존재했다고 이야기하듯이, 농업사회 역시 그리 간단히 단순화시켜 말할 수 있는 건 아닙니다. 농업혁명에는 하라리가 이야기하는 전반적인 노동량 증가와 삶의 질 저하라는 거대한 흐름만이 아니라, 세부적인 면에서 여러 다양하고 복잡한 흐름도 있었겠지요. 그래서 하라리가 생각하는 '상상의 질서'도 여러 형태가 있었을 테고, 그 가운데 우세한 것만 살아남았을 겁니다. 농업사회가 되면서 기록을 위해 생겨난 문자 역시 많은 종류가 존재했지만 여태까지 살아남은 것은 그 가운데 소수에 지나지 않습니다. 곧 다양한 형태의 문명들이 존재했지만 주위의 여건과 환경 때문에 어떤 것은 살아남고 어떤 것은 소멸되고, 어떤 것은 다른 것에 흡수된 것이겠지요.

여하튼 농업이 수렵·채취 사회보다 사회의 단위를 급격하게 키운 것은 틀림없습니다. 농업으로 식량 생산량이 크게 늘면서, 기술자나 군인 등과 같은 잉여 생산물에 의존해 살아가는 사람들이 나타났지요. 사회 규모가 커지면서 법률이나 제도가 생겼으며, 그런 일을 맡는 전문가들도 늘어났습니다. 그러면서 국가가 탄생하게 된 것이죠. 이윽고 외형에서 단위가 커진 사회는 더 많고 깊은 지식이 필요했을 것이고, '상상의 질서'는 더욱 위력을 발휘했겠죠. 그리고 다이아몬드의 이야기대로 농업과 가축의 탄생은 그 사회 규모와 제도에도 많은 영향을 끼쳤을 겁니다. 그런 여러 복합적인 요소가 농업과 문명에 깊이 녹아들었을 겁니다.

농업사회 이전의 수렵·채취 사회도 전쟁이 없었다고 할 수는 없겠지만, 농업혁명 이후의 전쟁은 점점 규모를 달리해 커지며 거대 제국과 문명을 만들어냈습니다. 전쟁을 통해 작은 나라가 커다란 제국으로 변화하고, 그 바탕에서 현재와 같은 문명이 나타났다고 이야기할 수 있겠지요.

문자, 지식, 돈, 종교, 병원균

국가가 형성되고, 다시 하나의 커다란 제국으로 영토가 급격하게 커지면서 사회 조직이 확대되고 복잡해집니다. 자연스럽게 세상의 모든 것이 예전과 달라집니다. 수백 명 정도가 모여 살던 시절에는 말로만 해도 충분히 전달할 수 있었겠지만, 이제는 인구가 늘고 집단도 커지면서 말로 전달하고 기억하는 데는 한계가 생깁니다. 더군다나 토지 면적을 재고, 세금을 부과하며, 생산된 곡물의 양을 세고, 교역을 하기 위해서는 면적과 분량을 수치로 나타내야 할 필요성이 커집니다. 또한 그런 수치를 한 번 듣고 머릿속에 기억해두는 것으로는 충분하지 않지요. 기억의 불확실성 때문에 다툼이 벌어질 염려가 있으니까요. 그래서 문자보다는 사물을 표기하는 방법과 수를 표시하는 숫자가 먼저 만들어졌다는 것이 정설입니다. 최초의 농업이 생겼다는 메소포타미아에서 이렇게 물품을 표시하는 기호와 숫자들이 기록된 점토판이 발견되기도 했습니다. 문자의 시작을 알리는 것이죠.

문자는 이렇게 단순한 표시에서 시작하여, 점차 어떤 일을 서술하고, 음성을 표기하는 기능을 더해 결국 복잡해진 사회에서 벌어진 일을 기록하고 정리할 수 있는 정도로 발전합니다. 다이아몬드는 문자를 활용한 대다수의 지역에서 “독립적으로 문자를 발명하지 못하고 이웃으로부터 빌려오거나 이웃의 자극을 받아 문자를 만들게 되었다"고 합니다. 그는 모든 문명이 다 자체적으로 문자를 발명할 필요는 없었으며, 남이 만든 것을 받아들여 자신의 언어와 문화에 맞게 잘 활용할 수 있었다고 강조합니다. 독자적인 문자 발명을 위해서는 사회 자체의 규모가 아주 커서 많은 계층이 분화되는 거대한 조직을 이뤄야 하기 때문이지요.

실제로 오늘날 존재하는 문자들의 계열은 몇 가지 되지 않긴 합니다. 그리고 유라시아 대륙은 서로의 교류가 비교적 잘 이루어졌으니 문자도 퍼져나가는 게 충분히 가능했을 겁니다. 새로운 문자를 발명하기보다는 남이 만든 것을 이용하는 경우가 많았다고 볼 수 있겠지요. 그렇지만 이 문제는 많은 나라들이 다른 나라에 병합되면서, 자기들 고유의 문자뿐만 아니라 언어조차 잃었다는 점도 고려해야 할 겁니다. 사실 한 종류의 문자를 변용해 차용한 것은 대개 유라시아 대륙 서쪽(유럽)의 상황일 뿐입니다.

현재 세상에 남아 있는 문자들이 그리 많지 않은 것은 사라진 문자들이 많기 때문이지요. 어느 정도의 규모를 지닌 사회가 되었다면, 또 그 사회가 다른 문자를 받아들이지 않았다면 자신들의 문자를 만들어 쓴 예가 많습니다. 가령 지금은 쓰이지 않지만, 이집트는 자신들의 문자로 기록을 남겼지요. 중국 문명은 한자를 만들어 썼으며, 그 한자는 많이 변형되기는 했지만 지금도 쓰이고 있습니다. 이렇듯 문자가 사라졌는지 혹은 남아 있는지 여부는, 자신의 문명을 보존했는가에 달려 있습니다.

하지만 하라리는 문자 자체의 역할은 그렇게 크지 않았다고 봅니다. 제국의 통치를 위해 문자가 만들어졌으며 그것이 우리의 기억을 확장했지만, "쓰기는 시간이 걸리는 일이었고 읽을 줄 아는 이는 몇 되지 않았다"는 것이지요. 그리고 사회에서 그보다 더 중요하게 다뤄졌던 신화나 시·문학과 같은 서사는 문자보다는 구전口傳의 전통을 유지했다고 합니다. 문자는 대체로 불완전했기에 땅이나 조세의 정보 등을 기록하는 정도로만 사용되었죠. 게다가 당시는 문자가 요즘의 종이처럼 쓰기도 쉽고 보관도 간편한 매체에 적히지 않고 점토판과 같은 데 적혔다는 걸 감안해야 합니다. 요즘과는 문자의 효용도가 완전히 다르다는 것이죠. 문자가 중요한 서사를 완전하게 기록할 수 있게 된 것은 훨씬 나중으로 보고 있습니다.

그래서 하라리는 문명에서 문자보다 돈이나 종교처럼 사회를 조직하고 운영하는 원리들을 더 주목합니다. 돈은 농경이 시작된 꽤 이른 시기부터 존재했고 교역에 큰 도움이 된 발명품입니다. 돈의 가장 큰 특징은 돈의 가치가 실용성에 있지 않다는 겁니다. 가령 초창기에는 돈으로 조개껍데기가 쓰였는데, 조개껍데기에서 실용성을 찾아보기란 어렵지요. 여기서 돈은 그 자체로 쓸모 있는 게 아니라 단순히 교환의 수단으로만 기능할 뿐입니다. 돈으로 많이 쓰인 것이 금과 은인데, 이 금속들 역시 실용적인 쓸모가 있는 건 아니었습니다. 요즘은 금과 은이 산업용으로도 쓰이지만, 고대에서는 장식물 제작에나 쓰일 수 있었죠. 하라리는 "화폐란 상호신뢰 시스템의 일종이지만, 그저 그런 상호신뢰 시스템이 아니라 인간이 고안한 것 중에서 가장 보편적이고 효율적인 상호신뢰 시스템"이라고 말합니다. 왜냐면 아무런 실용적인 값어치가 없는 것(돈)을 가치가 있는 물건과 바꾸고, 다시 그 돈을 가지고 자신에게 필요한 물건으로 바꿀 수 있기 때문이죠.

이 돈은 제국이 등장하기 전부터 존재했지만, 제국은 이 시스템에다 더 큰 안정성을 부여합니다. 가령 은을 화폐로 삼았다고 하면 늘 그 은의 순도와 중량이 문제였습니다. 중량을 재는 저울도 제각각이었고, 순도는 쉽게 측정할 수 있는 방법이 없었으니 거래 상대가 속이려고 한다면 얼마든지 속일 수 있었지요. 여기서 제국이 등장하면서 은화와 금화를 직접 주조함으로써 화폐의 신용 시스템을 한 단계 끌어올렸으며, 화폐를 제국의 밖에서도 신뢰할 수 있고 유용한 것으로 만들었습니다. 믿음직한 제국의 화폐는 제국을 유지하는 데도 큰 역할을 했고요.

제국의 탄생으로 수많은 나라의 수많은 민족이 흡수되어 자신들의 문화를 잃게 됩니다. 그리고 제국 자체의 문화적인 정체성도 형성되지요. 더불어 그 제국은 끝없이 자신의 영토를 늘려나가면서, 정복당한 자들에게 제국이 하늘을 대신해 그들을 지배하고, 그들에게 교양을 제공한다고 하는 이데올로기를 전파합니다. 여기서 하라리는 "종교는 돈과 제국 다음으로 강력하게 인류를 통일시

스페인 군대의 잉카 정복을 주제로 한 존 에버렛 밀레이의 〈잉카를 포로로 잡은 피사로〉. 구대륙(유럽)의 국가들이 신대륙(아메리카)을 침략하고 지배하게 된 것처럼, 어째서 한 문명이 다른 문명보다 더 발전하게 되는지 밝히는 것이 『총, 균, 쇠』의 중심 주제다. 이 책의 원서 초판본이 이 그림을 표지에 실었다.

키는 매체"라고 주장합니다. 종교가 제국이라는 취약한 구조에 인간 세계를 넘어서는 정당성을 부여한다는 것이죠.

하라리에 따르면 농업혁명이 종교도 크게 바꾸어놨습니다. 농업시대에는 나무의 정령이나 호랑이의 영혼을 믿는 수렵·채취 시대의 애니미즘을 탈피해서 동식물을 자신의 소유물로 인식하는 새로운 세계관이 요구되었기 때문이라 합니다. 이렇게 해서 초기 도시국가에서는 여러 신들이 저마다 맡은 역할이 있는 다신교적 세계관이 형성되었고, 그 후에 다시 유일신이 존재하는 일신교가 나타나 제국을 이끌었다는 것이죠. 기독교를 받아들인 로마 제국이나 이슬람교를 토대로 한 아랍 제국을 생각해보면 알 수 있는 일입니다.

이렇듯 하라리는 문자의 탄생보다는 인간 의식의 변화를 더욱 중요시합니다. 문자가 폭넓은 지식의 축적에 쓰인 것은 그리 오래지 않았으며, 인간 관념의 변화가 실제 세상의 물질과 제도의 변화를 이끄는 힘이었다는 것이지요. 그렇지만 사실 이것도 서구 중심적인 사고일 수 있습니다. 유라시아 동쪽의 문명에서는 비단과 종이에 남긴 기록과 학문이 제국의 통치에 커다란 역할을 했으니 말이죠.

다이아몬드의 가장 독특한 관점은 전염병을 중요하게 여긴 겁니다. 대개 전통적인 역사가들은 전염병을 중요하게 여기지 않습니다. 그렇지만 전염병은 농경과 목축을 시작한 이래로 인간을 위협해왔습니다. 전염병으로 죽은 사람이 전쟁으로 죽은 사람보다 훨씬 많을 정도죠. 다이아몬드는 "건강에서 가장 중요한 몇 가지 쟁점 뒤에는 동물에게서 얻은 인간 질병의 문제"가 도사리고 있다고 합니다. 왜 농업과 함께 전염병들이 인간 사회의 문제로 떠올랐을까요? 농업으로 인구가 늘고 밀집되어 살기 시작했으며, 또한 가축을 기르면서 동물의 전염병이 인간에게 옮아왔기 때문입니다. 특히 제국의 여러 중심은 큰 도시로 발전해 더 많은 인구들이 밀집해 살게 되었습니다. 전염병이 무섭게 번질 수 있는 환경에서 한 번 병이 발생하면 많은 사람들이 목숨을 잃었죠.

그렇지만 전염병과 가까이 사는 사람들은 전염병에 대한 저항력도 기르게 됩니다. 물론 전염병 균도 이에 맞서 강력해지기는 하지만, 이런 환경에 사는 사람들은 기본적인 면역력이 있습니다. 그리고 이런 전염병 균과 그에 대한 면역력의 차이가 유럽 대륙의 국가들이 신대륙을 정복하는 데 결정적인 요인으로 작용했지요. 잉카 제국도 소수의 스페인 군대보다는 스페인 사람들이 몰고 온 전염병으로 인해 멸망한 것이었습니다. 신대륙 사람들에게는 구대륙의 전염병에 대한 면역력이 거의 없었기 때문이지요.

다이아몬드는 신대륙 사람들이 전염병에 대한 면역이 약한 데는 두 가지 원인이 있었다고 합니다. 첫째는 신대륙에는 가축으로 삼을 만한 동물들 자체가 적었기 때문에 가축의 종류도 적었으며, 그나마도 여러 조건이 병균의 전염과는 거리가 있었다는 것이지요. 둘째는 인구의 밀도가 유라시아 대륙보다 훨씬 더 적었던 것입니다. 그래서 여러 전염병에 대한 면역이 없을 수밖에 없었고, 유라시아 대륙의 사람들이 신대륙에 건너올 때 따라온 전염병 균 때문에 급격한 인구 감소를 겪게 됩니다. 물론 유라시아에서 건너온 사람들이 사회적 조직과 기술에서도 우세하긴 했지만, 그럼에도 신대륙 사람들이 변변한 저항도 하지 못하고 자신의 터전을 몽땅 내줄 수밖에 없었던 건 병균에 대한 면역력 부족이 더 큰 원인이었지요.

보통 전염병과 같은 질병이 사회에 커다란 영향을 미치지는 않는다고 생각할 수 있지만, 실제로는 상당히 큰 영향을 미치지요. 중세에 전염병이 창궐해서 인구의 거의 3분의 1이 희생된 사례도 있는데, 그런 경우에 사회는 노동력 부족과 심리적 공황 때문에 상당히 긴 기간 침체기를 겪습니다. 실제로 의학이 발달한 현대 사회에서도 전염병은 만만치 않은 문제가 되고 있습니다. 신종 질병들이 발달한 교통망을 타고 더 빠르게 멀리 퍼지기 때문이지요. 오늘날 코로나19로 인한 전세계의 혼란만 봐도, 구대륙 사람들이 옮긴 병균에 신대륙 사람들이 몰살당할 때만큼은 아니라도 전염병이 여전히 사회를 뒤흔든다는 걸 알 수 있을 겁니다.

그렇다면 다이아몬드와 하라리가 문명의 핵심으로 꼽은 문자·지식·돈·종교·전염병은 여전히 현대 문명에서도 핵심적인 역할을 하고 있는 겁니다. 하라리는 전염병이나 문자를 중요하게 다루지 않았고, 다이아몬드는 돈과 종교를 언급하지 않았지만, 그것들 모두 문명에 미치는 영향력은 막강한 수준입니다. 그러기에 문명은 그렇게 단순한 몇 가지 요소들만으로 파악할 수 있는 건 아니지요. 각 문명마다 핵심 요소 간의 차이가 있겠고, 또 사람마다 문명을 이해하는 키워드가 서로 다를 수도 있겠지만, 문명에는 여러 요소들이 함께 얽혀 복잡하게 작용하므로 단선적으로 설명할 수 없다는 것은 분명합니다.

지배의 논리

근대에 들어오면서 유럽의 문명이 다른 지역의 문명을 지배하는 일이 벌어졌습니다. 유럽은 원래부터 문명의 중심지라 할 수 있는 곳은 아닙니다. 문명의 발상지인 메소포타미아로부터 그리 멀지는 않았지만, 이집트를 거쳐 문명을 건네받은 변두리였을 뿐입니다. 로마 제국의 멸망 이후에는 오랜 기간의 정체기를 겪었으며, 15세기 무렵까지는 이슬람 문명이나 중국 문명보다 뒤쳐진 상태였지요. 그러다 유럽은 르네상스 시기부터 급속한 발전을 이루었고, 바다 건너 넓은 세상으로 나가기 시작해 제국을 세워 한동안 세계를 지배했으며, 오늘날까지 위세를 떨치고 있습니다.

다이아몬드는 이 유럽의 세계 지배에 대해서 몇 가지 원인을 이야기합니다. 첫째가 앞서 봤던 전염병입니다. 전염병이 신대륙 주민들을 몰살시켜서 신대륙을 정복하는 데 별다른 저항을 받지 않았다는 겁니다. 다음으로, 비슷한 위도에 가로로 길게 뻗은 유라시아 대륙의 모양새를 듭니다. 덕분에 문자로 된 기록이나 기술의 전파가 활발했다는 거지요. 반대로 신대륙은 세로로 길게 뻗어 있어서 각 지역 간에 기후의 차이가 심해서 교류가 쉽지 않았다고 이야기하죠. 이런 차이로 인해 유럽은 다른 지역의 발명품이나 지식을 많이 받아들여 급속한 발전을 이루었다는 게 다이아몬드의 설명입니다. 이 두 가지 측면은 유럽에 의한 신대륙의 발견과 침략을 떠올려볼 때 잘 들어맞는 이야기입니다.

그렇지만 유라시아에도 뉴기니와 인도네시아처럼 다른 문명을 거부하는 듯한 지역도 있었으며, 오스트레일리아는 아무런 문명조차 이룩하지 못했고, 태즈메이니아와 같은 지역은 오히려 문명이 퇴보하기도 했습니다. 다이아몬드는 이런 지역에서 문명이 발전하지 못한 원인이 사회의 조직이 충분한 크기가 되지 않아 다른 문명을 흡수할 역량이 부족했기 때문이라고 합니다. 곧 문명이 지속적으로 발전하기 위해서는, 다른 사회의 것을 흡수하고 자기 것을 발전시킬 수 있는 정도의 규모와 조건이 되어야 한다는 이야기입니다.

유라시아 대륙 안에서 각 지역들 사이에 기술 혁신에 차이가 생기는 것은 기술을 받아들이는 수용성이 시대에 따라 달라졌기 때문이라고 설명합니다. 가령 중세에 아랍은 주변 기술들을 취합해서 범선·야금술·기계·화약에 관한 당대 최고의 기술을 보유했으며, 15세기까지의 중국은 유라시아 대륙 안에서 타의추종을 불허할 정도의 놀라운 기술을 보유하고 있었습니다. 곧 시대에 따라서 가장 혁신적인 기술을 보유한 지역이 달랐다는 거지요. 유라시아 대륙 안에서 유럽의 기술 발전은 독보적인 게 아니었으며, 상황에 따라 이루어진 것이라는 뜻입니다. 다이아몬드는 "각 대륙의 사람들이 경험한 장기간의 역사가 서로 크게 달라진 까닭은 그 사람들이 타고난 차이 때문이 아니라 환경의 차이 때문"이라고 결론을 내립니다.

그러나 유발 하라리의 해석은 다릅니다. 그는 유럽에서 현대문명이 발전하고 세계를 지배하게 된 것은 '과학의 논리'가 이끈 과학혁명 때문이라고 단언합니다. 과학의 논리란 인간 스스로 무지함을 인정하고, 관찰과 수학을 사고의 중심으로 삼고, 이를 통해 새 지식을 획득하여 앞으로 나아가는 것을 말합니다. 과학 그 자체가 아닌 과학의 사고와 논리가 기술과 사회제도를 발전시켰고, 그로 인해 유럽이 세계 최고로 발돋움할 수 있었다는 겁니다. '인지혁명'과 '상상의 질서'의 내용에 '과학적 사고'가 자리 잡은 것이 유럽 현대문명의 중심이라는 해석이지요.

하라리에 따르면, 이 과학은 대항해시대 이후 식민지 개척으로 벌어들인 자본과 결합해서 산업혁명을 일으키며 일찍이 없었던 과학 문명의 시대를 열어가게 됩니다. 하라리는 이 과학과 제국과 자본 사이의 피드백이, 유럽이 세계를 지배하도록 이끌었다고 봅니다. 그는 인문학자답게 이 과학과 제국과 자본의 이념이 현대라는 세상을 가져온 것으로 해석합니다. 지금도 자본과 산업은 함께 결합하여 이 세상을 움직이고 있습니다. 다만 하라리는 인간은 "과거 어느 때보다 강력한 힘을 떨치고 있지만, 이 힘으로 무엇을 할 것인가에 관해서는 생각이 거의 없다"고 탄식합니다.

문명의 키워드

『총, 균, 쇠』와 『사피엔스』 두 책은 인간의 문명이란 빅히스토리Big History를 저자들만의 시선으로 풀이해낸 요즘 시대의 고전이라 할 수 있습니다. 이 두 저서는 다수의 동일한 역사적-고고학적 사실에 바탕을 두고 있지만, 문명을 읽는 키워드에서는 상당한 차이를 드러냈습니다. 한마디로 문명의 본질을 파악하는 눈이 서로 다른 것이죠. 누구의 관점이 옳은지 알 수는 없지만, 두 관점 모두에 중요한 통찰이 담겨 있음은 분명합니다. 한 가지 역사적 사실을 놓고도 여러 다른 각도에서 달리 볼 수 있기에, 어떤 한 결론이 옳다고 할 수는 없는 거지요.

두 학자의 기본적인 차이점은 책 제목에서도 확연하게 드러납니다. 다이아몬드는 과학자답게 물질적인 세 키워드를 가지고 제목을 삼았습니다. 총으로 대표되는 무기, 농경과 가축 사육의 결과물로 생겨난 세균, 쇠로 대변할 수 있는 현대의 기술, 이 셋이 문명의 핵심 키워드라는 겁니다. 모두 물질적인 것이고, 살고 있는 환경과 관련된 것이지요. 즉 다이아몬드는 실질적인 증거가 있는 것에 의존해 문명 발전의 원인을 추적합니다. 그리고 인종의 차이나 개인의 자질이 아닌, 환경의 차이에 의해 문명을 발전시킨 요소들이 있거나 없었다고 강조합니다. 어느 문명의 사람들이 다른 이들보다 뛰어났던 것이 아니라 주위의 환경과 여건이 그렇게 만들었다는 것이죠.

하라리는 인문학자이기에 물질적인 것보다는 정신적인 것에 집중합니다. 문명의 핵심은 '생각'이라는 거죠. 『사피엔스』라는 제목은 '호모 사피엔스'에서 따온 것으로, '사피엔스'는 '생각'을 뜻합니다. 인간의 생각이 문명을 만들어냈다는 뜻을 제목에서부터 강조한 것이죠. 그래서 문명의 시작도 1만 년 전의 농업이 아니라 그보다 훨씬 이전인 7만 년 전의 인지혁명에서 찾았고요. 그러니까 인간의 두뇌가 사고에 적합해진 것이 문명의 단초였다는 것이죠. 하라리에게 농업혁명으로 인한 변화는 이 인지혁명의 내용을 구체화시킨 것에 지나지 않습니다.

그리고 하라리는 생각이 신화와 시 같은 상상의 세상을 만들고, 그 세상이 실현된 것이 문명이라고 이야기합니다. 하라리의 빅

히스토리에서는 농업혁명 이후의 돈·제국·종교와 같은 또 다른 파생물들도 생각 속의 상상력이 다른 형태로 나타난 결과입니다. 결국 하라리가 보기에 문명의 발전 속에서 나타난 모든 물질과 기술보다 더 중요한 것은 사람의 두뇌 속에서 생성된 '생각'인 셈입니다. 그 생각이 먼저 만들어지고 나서, 신화와 시가 나타났고, 또 문명을 이룬 모든 틀이 나왔다는 것이죠. 물질보다는 인간의 정신이 먼저라는 의미라 볼 수 있겠지요.

이렇듯 『총, 균, 쇠』와 『사피엔스』라는 두 책은 독특한 시각을 지닌 문명론의 고전이지만, 앞으로 문명론에 관한 다른 고전 격의 책이 나온다면 이 두 책의 관점과 또 차별이 되는 내용을 담고 있겠죠. 사실 인류의 문명은 복합적인 면모를 지니고 있으며, 어느 한 가지만으로 해석하기에는 너무나 거대합니다. 여러 문명들 사이에는 공통점도 있지만, 서로의 차이가 분명히 있고, 한 문명 안에도 여러 요소들이 섞여 있기에 다양한 얼굴을 드러낸다는 점이 중요하지요. 그렇기에 다층적인 면모를 여러 시각으로 분석해야 문명의 전체 모습도 어렴풋이 볼 수 있을 겁니다.

4장

어린 왕자 VS 허클베리 핀의 모험

성장을 위한 여행법

성장을 위한 여행법

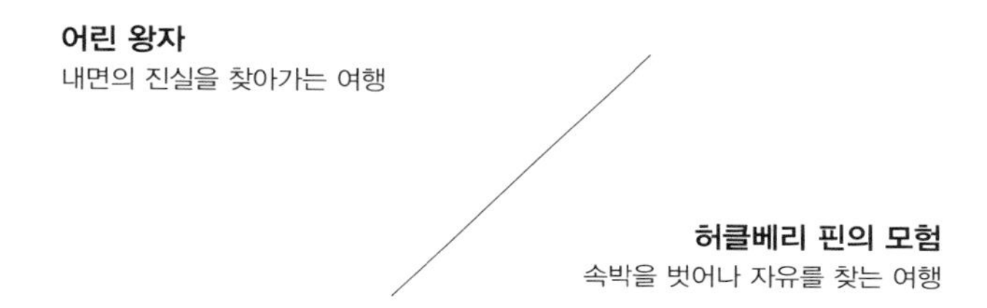

성장기 두 소년의 서로 다른 모험기

미국의 대표 작가 마크 트웨인의 『허클베리 핀의 모험』과 프랑스의 대표 작가 앙투안 드 생텍쥐페리의 『어린 왕자』는 너무도 유명한 작품입니다. 우리나라 사람들도 거의 모두가 이 작품의 이름을 들어봤을 것이며, 조금만 내용을 이야기하면 '아' 하고 떠올릴 정도로 많은 사람들이 읽은 소설이기도 하지요. 『허클베리 핀의 모험』은 1884년에, 『어린 왕자』는 1943년에 발표되었는데 당시부터 큰 인기를 끌었습니다. 물론 우리나라에서도 일찍부터 번역되어 많은 번역본이 있고, 특히 『어린 왕자』는 번역본이 100여 종을 넘겨 가장 많이 번역된 소설로 알려져 있습니다.

이 두 소설의 공통점은 오랜 시간 많은 사람들이 읽고 좋아해 온 소설이란 점 이외에도 많습니다. 우선 주인공이 대략 소년의 나이라는 점입니다. 허클베리 핀(이하 '헉'으로 약칭)이나 어린 왕자 모두 확실한 나이는 몰라도 성장기의 소년입니다. '소년'이란 순수한 마음을 가진 것 이외에도, 앞으로 성장하여 어른이 될 운명이란 점에서 특별함을 지닙니다. 또 이 두 소년은 먼 여행을 떠난다는 공통점이 있습니다. 물론 서로 떠나는 동기는 다르지만, 여행을 통해서 성장하고 자기 자신의 길을 찾아간다는 공통점이 있습니다. 어떻게 보면 두 소설은 일종의 성장소설로도 읽을 수 있지요.

두 소설에는 서로 다른 측면들도 많이 있습니다. 소설의 형식적인 측면에서도 다르고, 문체도 다르지요. 『허클베리 핀의 모험』은 헉이 미시시피강을 내려가면서 강 주변에 사는 사람들과 엮이며 겪는 모험을 통해 당시 사회상을 그리고 있습니다. 그럼으로써 당시 사회의 여러 모순점을 드러내기도 하죠. 그래서 거친 말투와 욕설도 자연스럽게 소설에 등장하며, 살인·강도·사기 등의 내용도 나옵니다. 반면에 『어린 왕자』의 어린 왕자가 겪는 여행은 특별한 여행입니다. 어린 왕자가 자신이 살던 소행성 B612에서 다른 별로 떠나는 여행이니 현실 이야기가 아닌 동화에 가까운 내용이죠. 그만큼 글은 우아하고 정중하며, 은유적 표현이 많고 거친 언어는 보이지 않습니다. 곧 어린 왕자의 여행은 어떤 깨달음을 위한 것이기에 『허클베리 핀의 모험』의 분위기와는 전혀 다릅니다.

소설 주인공들의 성향도 서로 다른데, 이는 두 작가가 표현하고 싶은 주제가 상이하기 때문입니다. 『허클베리 핀의 모험』의 작가는 순수한 소년의 눈으로 보고 몸으로 부딪친 사회의 모순과 험한 인간 군상을 드러냄이 목적입니다. 그렇기 때문에, 주인공 헉은 아이다운 순진함을 가졌지만 거친 세상에 익숙한 캐릭터로 설정돼 있죠. 반면 『어린 왕자』의 작가는 판에 박힌 기존의 삶을 새롭게 보게 하고, 인생에 대한 깨달음을 전달하는 것이 더 큰 목적입니다. 우리가 잃었던 순수한 눈을 다시 되찾고자 하는 것이죠. 그렇기에 어린 왕자는 보통의 인간과는 다른, 편견과 고정관념이 없는 순수한 눈을 가진 캐릭터로 설정돼 있습니다. 소설의 지향점이 분명히 다르기에 두 소설은 표현 형식도 문체도 많이 차이가 나지요.

『허클베리 핀의 모험』을 쓴 작가는 사회의 현상이라는 외면에 초점을 맞추고 있고, 『어린 왕자』의 작가는 인간의 내면을 주로 들여다봅니다. 폭력을 휘두르는 아버지를 피해 달아난 헉은 탈출한 흑인 노예 짐과 함께 미시시피강을 따라가며 다양한 이들을 만나고 기상천외한 일을 겪습니다. 그런 모험 속에서 인간 사회의 추악한 면을 보면서 점차 성숙해지죠. 이 소설은 헉이 부조리한 세상에서 어떻게 사는 것이 올바른 삶인가를 배워가는 이야기라고 할 수 있을지도 모릅니다.

『어린 왕자』에서 사막에 불시착한 비행기 조종사는 다른 별에서 온 어린 왕자를 만납니다. 이 왕자는 아끼던 꽃과 다투고 나서 다른 세상을 경험하기 위해 자기 별을 떠납니다. 여러 별에서 다양한 인물을 만나고 결국 지구에 와서 여러 일을 겪습니다. 그러고 나서 깨달음을 얻고 지구를 떠나게 되지요. 『어린 왕자』는 내용은 짧지만, 그 안에서 기성세대의 허위 의식과 청소년의 순수함을 우화의 형식으로 선명히 대비시키며 많은 독자들에게 깊은 감명을 주었습니다.

어린 왕자가 추구했던 것은 결코 헉과 같은 유형의 성장이 아닙니다. 어린 왕자는 자기 마음속에 있던 본질을 찾고자 했습니다. 이 사회의 현실에 맞추어 성장하는 헉과는 여행의 양상이 다를 수밖에 없죠. 그렇기에 이 두 소설의 여러 장면들 사이에는 대척점이 존재합니다.

떠나야 하는 이유

『허클베리 핀의 모험』의 헉은 사실 고아나 다름없는 신세입니다. 아버지가 살아 있기는 하지만 가죽 무두질을 하는 무식한 막노동꾼이자 주정뱅이여서 헉을 두들겨 패고 돈을 갈취하는, 아버지 같지 않은 인물이죠. 헉의 아버지는 책의 시작 부분에서는 1년 넘게 행방불명된 걸로 나옵니다. 아버지가 그 모양이기에 헉은 같은 동네에 사는 더글러스 과부댁의 보호 아래 생활하죠. 과부댁과 그 동생인 노처녀 왓슨 양은 나쁜 사람이 아니지만, 그 집에 헉은 잘 적응하지 못합니다. "과부댁은 무슨 일을 하건 간에 더럽게도 재미 없게 규칙과 예법을 따졌기 때문"이죠. 그래서 가기 싫은 학교에도 가고, 그들이 옳다고 여기는 모범적인 규율에 따라야 하고, 왜 하는지도 모르는 교회의 예식을 치러야 하죠. 헉은 본래 숲속 오두막에서 제약 없이 자유롭게 지내왔기에, 이런 삶이 어색하고 답답합니다.

그러던 가운데 헉의 아버지가 다시 찾아옵니다. 아버지는 헉이 친구 톰 소여와 함께한 모험에서 엄청난 돈을 얻은 것을 알고(이 이야기는 작가의 전작인 『톰 소여의 모험』에 나옵니다), 그 돈을 노리지요. 그 돈은 마을의 새처 판사가 대신 관리해주고 있었는데, 헉은 아버지가 돌아왔다는 것을 알고서 판사에게 그 돈을 모두 넘깁니다. 돈 때문에 아버지에게 시달리기 싫었던 거지요. 그렇지만 아버지는 포기하지 않고 헉을 쇠가죽 채찍으로 때리며 돈을 요구하고, 헉은 그럴 때마다 돈을 판사에게 빌려다가 욕심을 채워주죠. 과부댁이 이 폭력적인 아버지로부터 헉을 떼어놓으려고 소송을 걸자, 아버지는 헉을 데리고 숲속의 오두막으로 갑니다. 여기서 아버지의 거침없는 폭력에 노출된 헉은 탈출을 결심하고 계획을 짭니다. 마침 홍수에 떠내려온 카누가 생겨 탈출이 더 쉬워집니다. 헉은 그래서 자신이 강도를 만나 죽은 것처럼 위장하고 떠납니다.

이렇게 헉의 모험은 자신을 둘러싸고 있는 위협과 억압으로부터의 탈출에서 시작됩니다. 아버지의 폭력이 점점 심해져 생명까지 위험할 지경에 이른 게 헉이 떠난 직접적 원인입니다. 그렇다고 더글러스 과부댁의 집으로 돌아가는 것도 선택지는 아니었지요. 왜냐하면 "그토록 속박을 당하면서까지 문명인인지 나발인지가 되고 싶지는 않았기 때문"이죠. "그 집에서는 몸을 씻어야 했고, 음식을 접시 위에 담아 먹어야 했고, 빗질을 해야 했으며, 매일 정한 시간에 잠을 자고 일어나야 했으며, 항상 책 때문에 골치를 썩거나 노처녀 왓슨 양의 잔소리에 시달려야만" 했는데, 헉은 그런 삶을 거부합니다. 여기서 헉이 가장 원하는 건 자유라는 걸 알 수 있습니다. 아버지나 더글러스 과부댁이나 헉의 자유를 빼앗기는 마찬가지였던 겁니다. 그래서 그 둘로부터 달아나는 것이죠. 결국 헉의 탈출과 모험은 불가피한 선택의 결과입니다.

『어린 왕자』에서의 여행은 헉의 경우와는 다릅니다. 어린 왕자는 집 한 채보다 클까 말까 한 작은 소행성 B612에서 떠나온 여행자입니다. 여러 별을 다니다가 지구까지 온 어린 왕자는 사막에서 비행기 고장으로 불시착한 비행기 조종사와 만나 자신의 여행에 대해 들려주죠.

어린 왕자가 자신의 별을 떠난 것은 어떤 꽃에게 받은 상처 때문입니다. 어느 날 어디서 씨앗이 날아왔는지 처음 보는 꽃이 피었는데, 왕자는 그 꽃을 아끼고 사랑합니다. 그렇지만 그 꽃은 자존심이 세고 성격이 까탈스러워 왕자에게 일부러 못되게 굽니다. 왕자는 꽃의 말에 상처를 입죠. 어린 왕자는 "그의 사랑에서 우러나온 착한 마음에도 그 꽃을 의심하게" 됐으며, "별것도 아닌 말을 심각하게 생각했고 그래서 아주 불행해"집니다. 그래서 꽃을, 곧 자신의 별을 떠나게 됩니다.

그것은 헉의 경우처럼 어쩔 수 없는 선택은 아닙니다. 불편한 마음은 있지만 그렇다고 절박한 문제는 아니었습니다. 꽃에 대한 자신의 사랑에 믿음이 가지 않자, 다른 세상은 어떤가 하고 떠난 여행이었지요. 말하자면 새로운 길을 찾기 위한 여행이었고, 타의에 떠밀린 것이 아니라 자신의 결심으로 스스로 원해서 하는 여행이었습니다. 왕자는 자신의 별을 떠날 때도 정성 들여 청소하고 떠나지요. 화산을 청소하고, 최근에 돋아난 바오밥나무의 싹을 뽑고, 꽃에게도 바람을 막을 유리 덮개를 씌워주려 합니다. 이는 어린 왕자가 비록 자기 별을 떠나지만, 여전히 애정을 가지고 있다는 걸 보여줍니다.

어린 왕자는 여행에서 오로지 명령만 하는 왕이 사는 별에도 가고, 자부심이 강해 남들이 자신에게 경의를 표하기만을 원하는 허영쟁이가 사는 별도 방문합니다. 또 부끄러워서 맨날 술을 마시는 주정뱅이가 사는 별에도 가고, 숫자를 세는 걸 중요하게 여기는 사업가가 사는 별도 방문합니다. 명령받은 대로 1분마다 쉴 새 없이 가로등을 켜고 끄는 사람이 있는 별에도 가고, 서재에 틀어박혀

허클베리 핀(왼쪽)과 어린 왕자(오른쪽). 삽화에서부터 두 소년의 성격 차이가 드러난다. 헉은 보기에도 천방지축에 거칠게 살아가는 소년이며, 어린 왕자는 섬세한 감성과 신비함이 느껴진다.

스스로는 너무 중요하다고 여기지만 아무 내용이 없는 책을 쓰고 있는 지리학자의 별도 방문하죠. 이 사람들은 어린 왕자가 보기에는 이상한 사람들입니다. 왜 그런지도 모르면서 자신이 중요하다고 생각하는 일만 하기 때문이죠. 그들은 자신이 만든 세계에 스스로 갇혀 본디 지니고 있던 마음을 잃어버렸기 때문에 어린 왕자는 그들을 이해할 수 없었습니다.

어린 왕자는 여행의 마지막으로 지구를 찾아옵니다. 지구는 여태까지의 별들과는 비교할 수도 없는 큰 별입니다. 명령을 하는 왕만 해도 100명이 넘고, 지리학자는 7000명, 숫자를 세는 사업가는 90만 명, 주정뱅이는 750만 명, 허영쟁이는 3억 명이 넘게 살고 있습니다. 그렇지만 이런 사람들은 어린 왕자의 관심이 아니었지요. 차라리 어린 왕자는 지구에 와서 처음 만난 뱀하고 소통하기가 훨씬 쉬웠죠. 그리고 사막에 외따로 떨어져 비행기를 고치고 있는 조종사를 만납니다. 그 또한 그동안 만난 여러 이상한 어른들과 비슷한 면모는 있었지만, 그래도 마음 한구석에는 여전히 어린 시절의 아름다운 생각을 간직하고 있는 사람이라 친해질 수 있었죠.

결국 어린 왕자의 여행은 헉의 모험과는 전혀 다른 것입니다. 헉은 자신을 옥죄는 세상으로부터 탈출하는 여행이었고, 어린 왕자의 여행은 마음의 본질을 찾기 위한 것이었죠. 마음의 본질이란 눈에 보이지 않습니다. 어린 왕자가 보기에 여러 별들에서 만난 어른들은 도무지 무엇이 중요한 본질인지는 생각하지 않습니다. 그들에게 중요한 것은 자신의 체면이나 허영, 그리고 저 혼자 원칙이라고 정해놓은 것들만이었죠. 그러나 어린 왕자는 "중대한 일이라는 것에 대해 어른들과는 생각이 달랐"습니다. 그래서 서로 대화가 되지 않는 것입니다.

헉도 자신을 돌봐주는 더글러스 과부댁이나 아버지, 자신의 돈을 관리해주는 새처 판사와는 대화가 통하지 않습니다. 헉과 말이 통하는 사람은 친구인 톰 소여나 흑인 노예인 짐 정도죠. 그렇지만 헉에게 그들과 말이 통하지 않는다는 게 그렇게 중요한 문제는 아닙니다. 헉에게는 어른들의 세상이란 높다란 담벼락 같은 거였을 뿐, 답을 구하는 대상은 아니었으니까요. 헉에게 중요한 것은 그 안에서 탈출해 원하는 대로 사는 거였으며, 어린 왕자처럼 눈에 보이지 않는 진실을 알아낼 여유는 없는 것이죠. 이렇게 이들의 여행과 모험은 근본적으로 다른 목표를 추구합니다. 그것이 이 두 소설 사이의 첫번째 대립점입니다.

인간의 심성을 바라보는 눈

이 두 소설의 주인공인 헉과 어린 왕자는 성인이 아닙니다. 나이가 정확히 나오진 않지만 소설의 분위기로 보면 어린아이는 아니고, 대략 중학생 정도의 청소년이지 싶습니다. 곧 세상을 보는 눈이 어른들처럼 약삭빠르지는 않지만, 그렇다고 세상에 대해 아무것도 모르는 나이도 아닙니다. 아직은 어린아이의 순수함을 지니고 있으면서, 어느 정도 세상의 이치를 알 수 있는 정도죠. 이러한 청소년의 눈으로 세상을 본다는 점은 두 소설이 닮은꼴입니다.

그런데 헉은 일반적인 세상의 기준으로는 '착하다'라고 하긴 힘들어 보입니다. 헉의 행동을 잘 따져봅시다. 헉은 학교에 가기 싫어하고, 욕을 입에 달고 살며, 담배도 피웁니다. 헉은 건달 같은 아버지 밑에서 자란 하층민 출신으로, 일반적인 도덕이나 법에 대한 관념이 없습니다. 폭력적인 관습도 별 거리낌 없이 받아들이는 편이지요. 여행 중에 필요할 때는 "가끔은 닭장에서 제대로 횃대에 앉아 있지 않은 닭을 하나 슬쩍해 가져오기도" 합니다. "아빠가 항상 하는 말에 따르면 닭이란 놈은 기회 있을 때마다 슬쩍해야" 한다고 하면서 말이죠. 아마 헉은 요즘이었으면 '불량 청소년'이라 불렸을 법합니다. 그래서 이 책이 처음 출간되고 나서 한동안은 학생들이 읽지 말아야 할 금서로 지정되기도 했지요. 헉의 거친 행동거지를 다른 학생들이 배울까 걱정했던가 봅니다.

하지만 『허클베리 핀의 모험』을 읽는 독자들은 누구나 헉이 절대 나쁜 아이가 아니라고 확신할 겁니다. 헉이 비록 모범생처럼 살아가지는 않지만, 내면에는 사람에 대한 애정과 선한 마음이 있습니다. 세상의 도덕과 규칙은 잘 알지도 못하고 귀찮게 여기지만, 무엇이 선하고 나쁜지는 잘 알고 있지요. 헉은 세상의 도덕과 규칙을 모르는 만큼 세상의 편견과 악덕도 모르기에, 내면의 순수한 양심이 더욱 빛을 발합니다.

헉의 이런 순수함은 돈을 판사에게 모조리 넘기는 데서도 드러납니다. 헉도 아버지가 돈을 탐하는 모습을 봐왔기 때문에 돈이 귀중하다는 건 잘 압니다. 그렇지만 돈을 노리는 아버지와 엮이기 싫어서 그냥 포기해버리죠. 요즘 가치로 따지면 수억 원이 넘는 6000달러라는 큰돈을 말이지요. 헉은 가난해도 자유롭게 살고 싶지, 어른들처럼 볼썽사납게 돈에 집착하지 않습니다. 이처럼 헉은 세속적인 가치에 물들지 않았습니다.

더 인상적인 것은 헉이 노예 짐을 대하는 태도이죠. 이 책의 배경은 1840년대쯤으로 남북전쟁이 있기 전입니다. 즉 노예제가 당연했던 시기였죠. 게다가 헉의 아버지는 흑인을 미워하고, '깜둥이'들을 인간 취급하지 않습니다. 아버지는 술에 취해 이렇게 말을 하죠.

> 이 나라에 깜둥이한테도 투표를 하게 하는 놈의 주가 있다구? 그야말로 기절초풍하겠네. (…) 그래서 내가 거기 있는 사람들한테 그랬지. 아니 왜 이놈의 깜둥이를 잡아다가 경매에 붙여서 팔아버리지 그냥 멀거니 보고만 서 있느냐고 말이야.

이런 환경에서 자랐다면 흑인에 대한 편견을 가지는 게 당연할

법도 합니다. 그렇지만 헉은 도망 나온 노예인 짐과 사이 좋게 지내죠. 짐이 가끔 엉뚱하기는 해도 본디 마음이 순수하고 믿을 만하다는 것을 알지요. 그래서 아버지로부터 탈출해서 잭슨 섬에서 짐을 만났을 때, 짐에게 "밀고도 안 하고, 마을로 돌아가지도 않겠"다고 맹세합니다. 같이 여행을 하면서도 짐을 무시하거나 비하하지 않습니다. 헉은 피부색과 신분을 넘어 사람을 사람으로 대할 줄 압니다.

한편, 『어린 왕자』의 왕자는 어린 소년이지만 놀라운 직관력을 지니고 있습니다. 때문에 어른들이 보지 못하는 것들을 보지요. 화자인 비행기 조종사가 코끼리를 먹은 보아뱀을 그렸을 때 다른 사람들은 아무도 그것을 알아보지 못하고 모자라고만 생각했지만, 어린 왕자는 바로 무엇인지 알아보죠. 또 양의 그림을 그려달라고 해서 양을 그려주지만, 왕자는 조종사가 그린 양을 유심히 살피고는 "몹시 병들었"다거나 "숫양"이라거나 "너무 늙었"다거나 하며 유심히 양의 상태를 파악하죠. 결국엔 지친 조종사가 덩그러니 상자만 그려주며 그 안에 양이 들어 있다고 말하는데, 어린 왕자는 실제로 그 안에서 양을 보고 기뻐합니다. 우리가 보지 못하는 것을 보는 상상력과 직관을 가지고 있는 것이죠. "중요한 것은 눈으로는 보이지 않는다"는 사실을 어린 왕자는 알고 있습니다.

그렇지만 어린 왕자가 여러 행성을 여행하면서 만난 어른들은 그렇지 않았습니다. 명령만 내리는 왕은 모든 사람을 자신의 신하로 보고 아무 의미 없는 명령만 내립니다. 허영쟁이도 마찬가지여서, 칭찬하는 말밖에는 듣지 않죠. 사업가는 별의 반짝임은 보지 않고, 그 숫자만 세서 소유하려 합니다. 모두 자기가 원하는 것만 보고, 세상의 참 모습은 보지 못하지요. 어린 왕자가 이들을 보며 "정말이지 어른들은 확실히 이상야릇해"라고 생각하는 것도 당연해 보입니다.

어린 왕자의 직관은 헉의 그것과도 많이 다릅니다. 헉은 나름대로 경험도 풍부하고 세상을 보는 눈도 있으며, 그것과 순수한 마음이 결합된 형태로 세상을 파악합니다. 그렇지만 어린 왕자는 다른 그 무엇도 없습니다. 그저 순수하고 직관적인 마음으로 이 세상을 아는 것입니다. 뱀과 여우를 만나 대화하며 그들을 알아가는 우화적 요소들도 어린 왕자의 순수한 직관을 보여주기 위한 것으로 볼 수 있겠습니다.

세상을 대하는 방식

『허클베리 핀의 모험』의 기본 줄거리는 자유를 찾아 떠나는 헉과 짐의 여행이죠. 짐은 더글러스 과부댁의 여동생인 왓슨의 노예인데, 다른 지역으로 자신을 팔려고 한다는 말을 듣고서 도망쳤습니다. 헉은 노예제도에 대해 어떤 특별한 의견이 있는 것은 아닙니다. 그렇지만 세상에 노예가 있고, 누군가의 재산이라는 걸 당연한 일로 받아들였죠. 그때는 그런 사회였습니다. 그렇지만 헉은 점차 짐과 친해지고, 짐이 무사히 해방되도록 도와주려 합니다.

헉과 짐은 미시시피강을 따라 뗏목을 타고 내려가면서 숱한 고비를 넘기며, 여러 인간 군상들을 만납니다. 둘은 가문끼리 원수처럼 적대시하는 한 집에 머무르면서 미움의 극한을 경험하기도 합니다. 그 가족들은 너무 오래전 일이라 왜 싸우는지도 기억 못하지만, 원한의 감정만 남아 계속 싸우고 있었죠. 또 헉과 짐은 쫓기는 사람들을 가여운 마음에서 구해줬는데, 알고 보니 그들은 사기꾼이자 협잡꾼들이었습니다. 그들은 엉터리 약을 팔고, 목사인 척 부흥회를 열어 헌금을 얻어냅니다. 심지어 어떤 부잣집의 유산을 탐내 자신들이 상속인인 척 위장하기도 하죠. 그들의 사기 행각은 "그야말로 누구나 자신이 인간이라는 사실을 부끄럽게 만들 수밖에 없는 장면"이었죠.

헉은 세상의 이런 험악한 모습을 보면서 철저하게 악에 대응한다거나 맞서지 않습니다. 대체로 상황과 환경에 순응하며 나쁜 일에도 끌려 다니죠. 이는 험한 세상을 일찍부터 살아온 헉의 세상 사는 방법일 수도 있습니다. 그렇지만 세상에 순응하는 듯하면서도 궁극적으로는 순수한 마음을 지니고 올바른 편에 서려고 노력한다는 게 헉의 다른 점입니다. 두 사기꾼에게 끌려다니긴 하지만, 그들이 악당이라는 분명히 알고 벗어나려고 하지요. 헉은 소년의 착한 본성을 잃지 않습니다. 그리고 우리는 그런 헉의 눈을 통해서 그 시대 어른들의 추악한 모습과 부조리한 사회상을 관찰할 수 있는 겁니다.

헉이 이 세상을 살아가면서 무엇보다도 가장 중요하게 여기는 것은 우정과 신의입니다. 자신의 친구를 지키려는 마음이 가장 큰 것이죠. 가장 돋보이는 것은 짐과의 우정입니다. 물론 둘은 서로 다른 면모도 많습니다. 짐은 나이도 더 많고 미신을 잘 믿으며 허황된 상상을 하는 등 헉과는 많이 다르지만, 서로 같이 고난을 겪고 도우며 우정을 쌓지요.

헉은 함께 여행하는 도중에도 남의 집 재산이라 할 수 있는 노예의 탈출을 돕는 것이 옳은가 하는 고민을 계속합니다. 헉은 자기 자신에게 이렇게 말하기도 하죠. "그 딱한 왓슨 양이 지금껏 너한테 해준 일을 생각해봐. 그런데도 그 양반의 깜둥이가 네 눈앞에서 도망치는 걸 빤히 보면서도 뭐라고 한마디도 안 할 참이야? (…) 도대체 어떻게 그 양반한테 그렇게 야비하게 굴 수가 있어?" 하지만 결국에 헉은 짐이 다시 노예가 되지 않게 도와야 한다고 결심하죠. 헉은 자신의 그런 행동이 사회에서 지탄받을 일이고, 교회에서도 '지옥에 떨어질 일'이라고 가르친다는 걸 알고 있습니다. 그래도 헉은 짐과의 우정을 택합니다. 짐이 불침번을 대신 서줘서 잠을 더 잘 수 있게 해준 일이나 안개 속에서 헤어졌다 다시 만났을 때 반가워한 얼굴을 떠올리며, 누구 뭐라 하든 짐을 구해야겠다고 다짐

하죠. 사회의 도덕과 종교의 계율보다 친구를 지키는 걸 중요시한 것입니다.

『허클베리 핀의 모험』은 노예제도를 비롯해 당시 사회의 부조리한 모습이 많이 나오지만, 헉이 그 사회를 어떻게 바꿔야 한다고 적극적으로 생각하는 건 아닙니다. 다만 헉은 청소년다운 순수한 눈과 마음으로 그 세상을 바라보고, 자신이 옳다고 생각하는 일을 할 뿐입니다. 그리고 그런 헉을 통해서 독자인 우리들도 당시 사회를 경험하고 어떻게 사는 게 옳은 것인지 생각해보게 되지요. 어쩌면 작가는 이런저런 세상사를 기존의 편견, 즉 성인의 눈에서 벗어나 원점에서 다시 한 번 판단해보게끔 우리에게 요구하는 것인지도 모르겠습니다.

『어린 왕자』에서 주인공이 찾는 것은 진정한 관계와 사랑이지만, 어린 왕자는 어른들의 가식적이고 위선적인 면들을 보고서 실망합니다. 명령하는 왕에게는 그의 말을 듣지 않겠다고 하며, 떠나고 싶다고 말하죠. 그것은 거역의 표시라기보다는 단절하려는 의도입니다. 왕은 명령하는 사람과 명령받는 자의 관계 속에만 있기에 그런 관계를 끊겠다는 것이죠. 허영쟁이는 자신을 찬양하는 것으로만, 사업가는 자신이 소유한 것으로만 관계를 파악하기 때문에 어린 왕자는 그런 관계를 피해 떠납니다. 주정뱅이는 자신과 술에만 관심이 있고, 가로등을 켜는 사람은 규칙에 따르는 데만 관심이 있습니다. 지리학자는 자신은 한 번도 가지 않은 곳에 대한 지

『허클베리 핀의 모험』에서는 헉과 짐의 우정이, 『어린 왕자』에서는 왕자와 여우의 우정이 중요하게 다루어진다. 헉은 짐과의 우정을 통해 노예제도와 인종차별의 문제점을 느끼게 되며, 어린 왕자는 여우에게서 관계의 소중함과 본질에 대해 배운다.

식을 모험가를 통해서 모으려고만 뿐입니다. 결국 누구도 상대에 대해 진정으로 알고 싶어 관계를 맺지는 않는 겁니다.

어린 왕자가 지구에 와서 처음 만난 것은 뱀이었습니다. 뱀은 이 세상의 그 누구도 자신이 태어난 곳으로 돌려보낼 수 있다고 어린 왕자에게 이야기하며 그가 자기 별로 돌아갈 때 도와주겠다고 합니다. 어린 왕자가 뱀과 소통을 하는 것은 어른들이 지니고 있는 가식이나 허위가 없기 때문이죠. 어린 왕자와 중요하게 관계를 맺는 또 다른 상대는 여우입니다. 여우는 '길들여진 것'과 그렇지 않은 것의 차이를 어린 왕자에게 설명해주죠. 그리고 "네가 날 길들인다면 내 생활은 햇빛을 받은 듯 환해질 거야. 모든 발자국 소리와는 다르게 들릴 발자국 소릴 듣게 될 거"라며 길들여 달라고 합니다. 그것이 세상과 관계를 맺게 되는 방식입니다. 결국 어린 왕자는 지구에서 뱀과 여우와만 관계를 맺습니다. 그들만이 순수한 마음과 본질을 지니고 있었기 때문이죠.

어린 왕자가 비행기 조종사와 관계를 맺지 않은 것은 아닙니다. 조종사 또한 어른의 가식과 허위가 없다고 말할 수는 없지만 그래도 순수한 마음을 가졌기에 어린 왕자는 조종사에게 자신의 이야기를 들려줍니다. 여태까지 다른 별에서 만난 어른들은 자신의 이야기만 했지 어린 왕자의 말을 귀담아듣지 않았습니다. 하지만 조종사는 지구에 있는 인물 가운데 어린 왕자와 이야기를 나눌 만한 드문 사람이었습니다.

어린 왕자의 목적은 세상을 어떻게 하려는 게 아닙니다. 세상에서 자신에게 도움이 될 어떤 것을 찾고 싶었을 뿐이죠. 그는 여러 별을 돌아다녔지만, 허위와 가짜 모습에 빠진 어른들에게서는 그런 것을 구할 수 없었습니다. 다만 뱀과 여우에게 도움을 받을 수 있었고, 궁지에 빠졌지만 낙담하거나 절망하지 않은 어른과 이야기를 나눌 수 있었지요. 그리고 그런 경험에서 자신의 별로 다시 돌아가 꽃을 마주할 수 있는 용기를 얻게 되었죠.

끝없이 계속되는 모험과 되돌아오기 위한 여행

『허클베리 핀의 모험』에서 헉과 짐의 모험은 우여곡절 끝에 해피엔딩을 맞이합니다. 사기꾼들에 의해 팔려간 짐을 구하고자 한바탕 소동이 벌어지기도 하지만, 짐은 주인이었던 왓슨 양이 짐에게 자유를 주라는 유언을 남기고 죽어 자유의 몸이 됩니다. 헉 역시 아버지가 강도에게 살해당한 사실을 알게 돼 아버지의 폭력으로부터 자유로워지죠. 모험 도중 알게 된 톰 소여의 친척 샐리 아주머니가 헉을 양자로 삼고자 하지만, 헉은 갑갑하고 틀에 박힌 생활로 돌아가기가 싫어 인디언 보호구역으로 다시 모험을 떠날 계획을 밝히며 책은 끝납니다. 책은 끝나지만 헉의 모험은 계속된다는 것이지요.

헉은 모험 중에 온갖 어려움을 겪으며 세상을 경험했지요. 세상은 결코 녹록한 곳이 아니었음에도, 헉은 쾌활함을 잃지 않았습니다. 사기꾼들 때문에 고생도 했지만, 세상을 원망하거나 삶을 비관하지 않았죠. 그리고 고생 끝에 평온한 삶을 살 수 있게 되었지만, 틀에 박힌 안락함을 거부하고 다시 새로운 세상을 찾아 모험을 떠나려 합니다. 이것이 작가가 이야기하고 싶어 하는 미국의 정신일지 모릅니다. 한 곳에 안주하지 않고 새로운 것을 찾아 끊임없이 떠나는 개척 정신이 미국의 정신이라고 말하는 거지요.

아마도 헉이 다시 돌아가 학교에 다니고 편안한 일생을 보냈다면 그것이 외려 이상한 일일 겁니다. 헉은 험하고 악에 가득 찬 세상일지라도 그냥 실망하거나 포기하지 않습니다. 그는 끊임없이 세상과 부딪치며 자신의 방식대로 살아갑니다. 세상의 관습에 물들지 않고 규율에 맞춰지지 않는 자유분방한 자세가 헉의 매력이죠. 그러니 한 곳에 머무르며 안락함을 추구하는 헉의 일생이란 상상하기 어렵습니다. 그러므로 헉은 원점으로의 귀환이 아닌, 끊임없이 계속되는 모험을 추구합니다. 소설은 끝이 나도 그의 모험은 끝나지 않습니다.

반면 『어린 왕자』의 여행은 이미 귀환을 전제로 한 여행입니다. 어린 왕자는 떠나기 전에 이미 귀환을 예비합니다. 화산이 행성을 어지럽히지 않게 청소하고, 어린 왕자에게 상처를 준 꽃이지만 유리 덮개를 잘 덮어 자신이 돌보지 못하더라도 상하지 않게 대비합니다. 바오밥나무가 무성하게 자라 행성이 망가지지 않도록 싹을 다 제거하고 옵니다. 다른 싹이 나기 전에는 돌아오겠다는 것이죠.

어린 왕자는 자신의 행성으로 돌아가겠다는 결심이 있기에 다른 행성의 이상한 어른들을 보아도 크게 실망하는 법은 없습니다. 그저 지나가는 곳이니 떠나면 그뿐이니까요. 어린 왕자의 관심은 다른 별들의 새로운 풍경이나 새로운 사람들에 있지도 않습니다. 지구처럼 큰 별은 새로운 풍경도 많고, 여러 종류의 처음 보는 식물과 동물들이 자라고 있지만 그런 것에 관심을 쏟지 않습니다. 어린 왕자는 대화를 나눌 수 있는 진실한 상대를 중요하게 여깁니다.

어린 왕자에게는 유람이 여행의 목적이 아닙니다. 꽃과의 갈등을 어떻게 풀 수 있는가를 알기 위해 떠난 여행이었고, 여러 존재를 만나 대화를 나누며 진정한 관계 맺기란 무엇이고, 상대의 보이지 않는 마음은 어떻게 알 수 있는지 알고자 하죠.

결국 어린 왕자의 여행은 다시 자신이 살던 별로 돌아가서 꽃과의 사랑을 완성하는 데 목적이 있습니다. 어린 왕자의 여행은 사랑을 찾아 세상의 진실을 구하는 여행이고, 돌아가는 것으로 끝나는 여행입니다. 아마도 『어린 왕자』의 그 후 이야기는 '어린 왕자는 자신의 행성으로 돌아가 꽃과 화해하고 꽃의 사랑을 얻어 행복하게 살았다'가 될 것입니다.

마크 트웨인과 생텍쥐페리 사이

『허클베리 핀의 모험』과 『어린 왕자』는 성장기의 소년을 다루고 여행과 모험을 다룬 소설이면서 위에서 살펴본 것처럼 여러 상이한 특성들이 있습니다. 무엇이 이런 두 소설의 차이를 만들었을까요? 물론 작가의 성향 차이도 분명히 있을 겁니다. 예술가란 저마다 고유한 특성이 있는 법이니 그것이 자연스레 작품에서 드러나기 마련입니다. 예컨대 마크 트웨인은 미시시피강의 증기선에서 수로 안내원으로 일하기도 했고, 미국의 여러 곳을 여행한 활동적인 사람이었습니다. 그런 체험이 『허클베리 핀의 모험』에 담겨있을 겁니다. 생텍쥐페리는 『어린 왕자』의 화자처럼 비행기 조종사로 활동했습니다. 생텍쥐페리는 고요한 밤하늘 아래 사막 위를 비행하면서 『어린 왕자』의 동화 같은 이야기를 떠올렸는지 모릅니다.

그러나 개인적인 경험의 차이가 전적으로 이 두 작품의 차이를 만들어냈다고는 할 수 없습니다. 그보다는 이 두 작가가 자신들이 살았던 사회를 어떻게 바라보고, 마주했느냐가 작품의 차이를 좌우했다고 보는 게 맞을 듯싶습니다. 그러니 이 두 작품의 차이를 이야기하기 위해서는 그들의 시대로 들어가볼 필요가 있습니다.

마크 트웨인이 『허클베리 핀의 모험』을 낸 것은 1884년입니다. 19세기 말 미국에선 링컨의 노예 해방이 있었으며, 산업이 일어나고 번성했습니다. 급속한 발전을 이루던 시대가 늘 그렇듯이 사회적 분위기는 불안정했죠. 자본주의의 확대와 제조업 및 상업의 발전으로 빈부의 격차는 커지고 빈민층이 늘어났습니다. 자연히 이런 불안정함에 기생하는 범죄가 증가하며 치안은 나빠지게 되지요. 잠재되어 있던 사회적 모순들이 드러나고, 사회는 마치 혼돈에 빠진 듯 보입니다. 이런 상태이지만 사회 전반에는 활기가 넘쳤죠.

작가인 마크 트웨인은 요동을 치던 이 시대에 그저 글만 쓰며 살지 않았습니다. 어린 시절에 아버지를 여의고 직업전선에 뛰어들어 식자공을 했으며, 그러다 여러 직업을 겪고 나서 문필가가 되고, 문필가가 되어서도 신문사나 출판사 창업에 관여하기도 합니다. 또 사업을 벌이다 실패를 겪기도 하고, 여행도 많이 다닙니다. 불안정하면서 동시에 활기찬 시대를 살아간 이런 다양한 경험들이 그의 작품에 녹아 있습니다. 그래서 헉은 작가의 분신이기도 합니다. 헉은 거짓말도 하고, 욕도 많이 하며, 도둑질도 하면서 거침없이 험한 세상을 살아갑니다. 그렇지만 본연의 착한 성품과 인간적인 따뜻함은 사라지지 않습니다. 어떤 어려움을 겪어도 진취적으로 해결해나가고 수많은 모험을 끝내고 난 뒤에도 결코 현실에 머물지 않고 새로운 일을 벌입니다. 이 모든 것이 당시 사회를 살아간 작가의 성향을 반영하고 있습니다.

한편 생텍쥐페리가 『어린 왕자』를 발표했을 때는 제2차 세계대전 와중이었습니다. 전쟁의 암울함이 세계를 뒤덮고 있던 시절이었죠. 전쟁은 인간의 심성을 피폐하게 합니다. 이 세상에서 어떤 긍정적인 것도 발견할 수 없게 만드는 것이 전쟁입니다. 어제까지 곁에 있었던 동료가 내일이면 차가운 시체로 변할 수도 있지요. 번영하던 유럽의 문화와 화려함은 일순간에 빛을 잃고 무너져내리고 맙니다. 사람들은 자신이 살아남을 수 있을지 두려워하며, 적에 대한 적개심은 불타오릅니다. 전쟁은 인생과 인간의 본질에 대해 의문을 던집니다.

생텍쥐페리는 스무 살 때부터 공군에 들어가 비행기 수리와 조종을 배웠습니다. 공군 장교로 복무하다가 비행기 추락사고로 부상을 입고 군을 나오게 됩니다. 그 후 유럽과 아프리카와 남미를 잇는 항공우편 비행사로 일하며 계속해서 글을 씁니다. 그렇게 생텍쥐페리가 비행기 조종과 글쓰기를 병행하며 작가로서의 명망을 쌓아가던 즈음에 제2차 세계대전이 발발합니다. 그는 정찰부대에 들어가 활동했으며, 전쟁이 끝나가던 무렵 정찰비행을 나갔다가 귀환하지 못합니다.

생텍쥐페리의 삶을 보면 그 역시 죽음을 두려워하지 않는 모험적인 일생을 살았음을 알 수 있습니다. 아마도 『어린 왕자』의 많은 여행에는 작가의 수많은 비행에서의 경험이 녹아 있을 겁니다. 그럼에도 『어린 왕자』가 우화적인 형태를 띤 것은 전쟁으로 인한 인간성 상실의 현장에서 인간의 본성을 다시 생각하고, 삶의 본질을 되새겨보기 위한 장치였을 겁니다. 전쟁이란 '사막' 속에서 나 자신의 생존이 의문시되는 현실을 마주하면서, 어린 시절의 꿈을 기억하며 이 세상은 무엇이고 나 자신은 또 무엇이며 사랑은 무엇인가 하는 질문에 답을 하기 위해서는 이런 우화적인 장치가 필요했을 겁니다.

소설이라는 허구 속에서도 작가와 그의 이야기는 현실을 멀리 벗어나지 않습니다.

5장

인권 선언 VS 공산당 선언

누구를 위한 권리인가

누구를 위한 권리인가

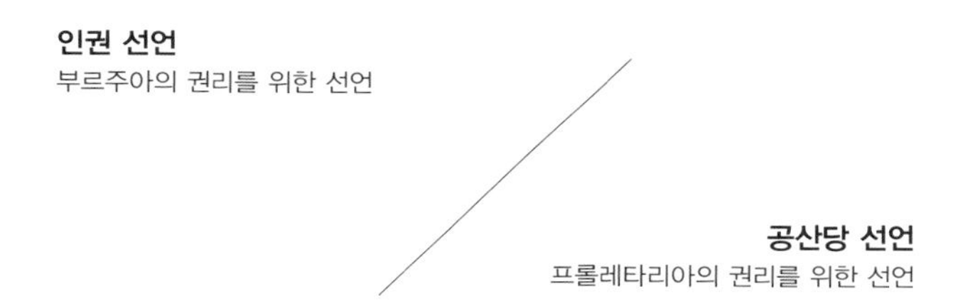

세상을 뒤흔든 선언 둘

고전은 흔히 시대를 뛰어넘어 세상에 큰 영향을 미친 작품이나 책을 뜻하지만, 그런 영향을 발휘하는 것이 꼭 책이나 작품만은 아닙니다. 실제로 그런 영향력을 발휘한 문서가 몇 있는데, 그 가운데 대표적인 것이 「인권 선언」과 「공산당 선언」입니다. 「인권 선언」은 1789년 프랑스 대혁명 당시 나온 선언이고, 「공산당 선언」은 공산주의 이론과 혁명을 주도한 마르크스와 엥겔스가 1848년에 발표하여 배포한 것입니다. 이들 선언의 가치는 고전이라 하기에 결코 무게감이 모자라지 않습니다. 아니, 이 선언들로 인한 그 뒤의 파급 효과를 보면 일반적인 고전을 훨씬 능가할 정도죠. 우리

나라의 경우를 봐도 3·1운동 때의 「독립선언문」이 지금도 여전히 유효한 '선언'임을 생각하면 더욱 그렇습니다.

「인권 선언」을 낳은 프랑스 대혁명은 근대로 오는 길목에서 오래된 봉건체제를 여지없이 무너뜨리고, 새로운 사회로 이행하게 된 역사적인 사건이었습니다. 로마 제국의 멸망부터 이어온 영주와 왕과 교회가 지배하는 봉건제도를 송두리째 부정하고 새로운 시민사회로 이행하는 역사적인 전환점을 마련했지요. 물론 이때의 '시민'은 오늘날처럼 모든 사람을 포괄하진 않았으며 부르주아라는 자산가 계급이 중심이었지만, 이들도 기본적으론 왕이나 귀족에 포함되지 않는 평민이었습니다. 이제 세상은 태어날 때부터 고귀한 신분인 사람이 없는 평등한 사회를 지향하게 됩니다.

물론 프랑스 대혁명이 일거에 봉건주의를 타파했다고 해서, 개혁적인 추세가 계속 이어진 것은 아닙니다. 주위 다른 나라의 귀족과 영주, 그리고 제왕들은 이런 혁명이 자기들 나라에도 밀어닥칠까 전전긍긍하며, 혁명의 기운이 넘어오지 못하도록 연합하여 프랑스를 포위하고 대비합니다. 게다가 프랑스 안에서도 오래지 않아 혁명세력들 간에 내분이 일어나고, 다시 군주제로 돌아가는 반동도 겪지요. 결국 혁명이 완성되는 것은 생각보다 긴 시간이 지난 다음입니다. 그렇지만 한번 일어난 이 혁명의 물결은 끝내 멈추지 않습니다. 결국은 온 세상에 퍼져, 이제는 군주와 귀족이 지배하는 나라는 찾기 힘들어졌죠. 혹 군주가 있더라도 헌법에 의해 통치를 하는 입헌군주국이 대세입니다.

이렇듯 프랑스 대혁명은 전 세계에 새로운 바람을 불러일으켰으며, 그 결과 신분에 의한 지배는 막을 내리고 시민들이 스스로 지배하는 공화국이 보편적인 세상이 되었습니다. 역사에서 군주제가 그렇게 오랜 기간 지속되어 온 것을 생각하면 프랑스 대혁명은 그야말로 획기적인 혁명이었고, 그래서 '대'라는 수식어를 붙인 것이 전혀 어색하지 않습니다. 그리고 오늘날 거의 모든 나라들의 헌법은 「인권 선언」에 담긴 프랑스 대혁명의 이념을 기초로 삼고 있습니다. 그러니 「인권 선언」은 선언문 가운데 고전이라 꼽기에 부족함이 없겠지요. 「인권 선언」의 정식 명칭은 「인간과 시민의 권리 선언」입니다.

이 「인권 선언」의 정신을 받아들인 국가들은 사유재산을 기초로 한 자본주의 국가이자, 정치적으로는 민주주의 국가가 되었죠. 처음엔 서유럽 중심으로 이런 체제의 국가들이 생겨났으며, 차츰 북아메리카와 남아메리카의 여러 나라, 일본과 한국을 위시한 아시아 국가들도 이에 합류하게 됩니다. 물론 각 나라의 역사적 배경이나 경제적 발전단계들이 달라서 일괄적으로 규정하기는 힘들지만, 현재 세계의 대부분 국가들이 이런 체제를 택하고 있다고 볼 수 있습니다.

「인권 선언」이 이미 일어난 프랑스 대혁명의 이념을 표현하는 것이라면, 그보다 약 60년 뒤에 탄생한 「공산당 선언」은 앞으로 프롤레타리아의 세상이 올 것을 주창하는 선언문입니다. 프랑스 대혁명의 주체였던 국민의회가 「인권 선언」을 발표했던 것과는 달리, 「공산당 선언」은 카를 마르크스와 프리드리히 엥겔스가 초기 공산주의자들이 영국에서 결성한 조직인 '공산주의자동맹'의 요청으로 함께 쓴 선언문입니다. 그러니 이 선언문은 실제 공산주의자들이 일으킨 어떤 혁명과는 관계가 없습니다. 그저 선언에 그치고 당장의 실효는 하나도 없는 것이었죠. 공산주의자동맹이란 조직도 여러 나라 사람들이 모인 것이기는 해도 고작 1000명 남짓의 모임이었습니다. 이때는 유럽 대륙의 여러 나라가 공산주의 운동을 탄압했기에 비교적 안전한 영국의 런던에서 이 선언문을 발표하고 인쇄해서 배포했습니다.

그러기에 이 「공산당 선언」은 어떤 혁명의 모토로 사용된 것이라기보다는, 이제 막 출발선에 있는 공산주의 운동을 위한 이론적이고 실제적인 강령이라고 봐야 합니다.

「공산당 선언」은 혁명이 벌어진 뒤에 혁명의 이념을 기술한 「인권 선언」과 맥락은 다르지만 그 뒤의 파급력은 만만치 않게 대단했습니다. 「공산당 선언」으로 촉발된 공산주의 운동은 유럽을 변화시켰습니다. 정작 「공산당 선언」의 무대가 된 영국은 공산주의의 영향력이 크지 않았지만, 산업혁명으로 노동자 계급이 늘어난 유럽 각지에서는 공산당이 결성되지요. 그 결과 1864년에는 영국 런던에서 국제노동자협회인 '제1인터내셔널'이 결성되었고,

1889년에는 '제2인터내셔널'과 같은 국제 공산당 조직이 생기기도 하죠. 노동자들이 잠시 집권했던 1871년의 '파리 코뮌'이나, 실제 공산주의 혁명인 1917년의 러시아 혁명도 길게 보면 「공산당 선언」의 영향력 아래에 있습니다.

러시아 혁명으로 최초의 공산주의 국가가 세워졌으며, 그 후 러시아를 중심으로 주변의 여러 나라들이 소비에트 연방(소련)을 결성합니다. 제2차 세계대전 이후에는 동유럽·중국·쿠바·베트남·북한 등 세계 곳곳에 공산주의 정부가 들어서게 되지요. 그리고 자본주의 국가들과 공산주의 국가들이 대립하는 냉전 체제가 형성돼, 세계는 두 진영으로 나뉘어 각축을 벌였지요.

1991년 소련이 무너지고 속속 공산주의 국가들은 세계에서 사라지게 됩니다. 이제는 중국과 베트남도 자본주의 경제를 받아들였으니 공산주의가 아무 의미 없다고 생각할지 모르지만, 공산주의의 영향은 현대 사회에 짙게 남았습니다. 예컨대 지금은 자본주의 국가도 아동 노동의 금지나 누진 소득세 같은 「공산당 선언」에 나온 일부 내용들을 정책으로 택하고 있습니다. 마르크스가 지적한 자본주의의 폐해는 분명히 무시할 수 없는 문제이기 때문이죠. 특히 노동과 관련된 분야에서는 노동자의 권리를 철저하게 보호하는 방향으로 나아가고 있죠. 겉으로 보이는 것과는 달리 「공산당 선언」의 정신은 여전히 우리 곁에 또렷이 남아 있지요.

부르주아와 프롤레타리아

프랑스 대혁명은 보통 '시민 혁명' 또는 '부르주아 혁명'이라 부르고, 러시아 혁명은 '프롤레타리아 혁명'이라 부릅니다. 프랑스 대혁명은 '부르주아'(상인이나 산업가 등의 자산가를 생각하면 됩니다) 계급이, 러시아 혁명은 '프롤레타리아'(노동자를 생각하면 됩니다) 계급이 주도했다는 의미입니다. 혁명의 주도 계급이 달랐던 거지요. 그럼 이 두 계급은 대립하는 개념일까요, 아니면 서로를 보충하는 관계일까요? 프랑스 대혁명이 발발했던 세상과 1917년의 러시아는 다른 체제였을까요? 겉보기엔 그렇게 차이가 있는 것 같지 않습니다. 1789년 프랑스에 루이 16세라는 왕이 있었던 것처럼 1917년 러시아에도 니콜라이 2세가 있었고, 귀족들이 있었습니다. 결국 1세기가 넘는 시간차가 있지만 두 사회의 상층부는 똑같은 구조로 되어 있었다는 겁니다.

그렇다면 왜 프랑스 대혁명은 부르주아가 혁명의 주체이고, 러시아 혁명은 프롤레타리아가 주체가 되었을까요? 그 답을 위해, 먼저 부르주아와 프롤레타리아라는 계급은 어떻게 같고 다른지부터 살펴봅시다. 우선 이 두 계급은 봉건제도에서는 왕이나 귀족이 아닌 제3계급이라는 공통점이 있습니다. 그러니 이전에는 한 번도 역사의 주인공이 된 적이 없습니다. 봉건사회에서는 모두 하층민으로 왕과 귀족의 지배를 받는 사람들이었습니다. 그렇지만 봉건

사회에서도 약간의 구분은 있었습니다. 왕과 귀족을 보좌해서 일을 처리하는 사람들과, 수공업자나 장인으로 물건을 생산하는 사람, 그리고 농사를 짓는 소작농이나 농노로 일하는 사람과 같은 구분 말이죠.

이 가운데 부르주아는 원래 프랑스 말로 '성 안에 사는 사람'에서 유래했습니다. 잡다한 행정이나 문서 작성을 돕는 사람일 수도 있고, 회계를 담당할 수도 있고, 군인일 수도 있습니다. 또는 귀족이 필요한 것을 만들 수 있는 수공업자나 시장에서 장사하는 상인일 수도 있습니다. 그렇지만 부르주아는 점차 전문화된 관료이거나 상업에 종사하는 사람을 이르게 되었습니다. 이들은 계급상으로는 평민에 지나지 않는 신분이었지만, 그래도 농노나 소작인에 비해서는 형편이 나은 이들이었던 셈입니다.

그러다가 신대륙이 발견되고 해상 무역이 급증하자 이들 부르주아의 일부는 큰돈을 벌게 되어 경제적 힘을 갖게 됩니다. 더군다나 중상주의를 표방한 절대군주들이 왕실의 이익을 위해 부르주아들과 협력하면서, 일부 부르주아들은 귀족들의 재력을 능가하게 되었습니다. 반면 농업에 기반한 봉건영주들의 수입은 답보 상태였죠. 그들은 체면을 위해, 또 왕실과의 교류를 위해 많은 돈이 필요했기에 빚은 늘어가고 재정 상태는 나빠졌습니다. 이들이 빚을 지는 상대도 부르주아들이었죠. 여러 방면에서 부르주아의 실력이 귀족들을 능가하게 된 것입니다.

상-퀼로트, 곧 평민 계층이 1789년 7월 14일 정치범들을 주로 가두던 바스티유 감옥을 습격하면서 프랑스 대혁명의 본격적인 막이 오른다.(위 그림) 약 한 달 뒤인 8월 26일에 혁명세력을 이끈 국민회는 「인권 선언」을 선포하며 혁명의 이념을 알렸다.(왼쪽)

이것이 프랑스 대혁명 시기의 상황이었습니다. 이 당시에도 프롤레타리아라 부를 만한 노동계급이 없었던 것은 아니지만, 아직 그들 자체로 세력을 갖추거나 아니면 현실적으로 귀족에 대항할 만한 능력은 없었습니다. 그래서 프랑스 대혁명은 부르주아 중심의 혁명이 됩니다. 물론 상-퀼로트Sans-culotte라 불리는 이들이 혁명 세력의 중요한 부분을 차지하기는 합니다. 이 단어는 '짧은 바지를 입지 않은 사람'을 뜻하는데, 당시 귀족들이 무릎 정도까지 오는 짧은 바지(퀼로트)를 입었기에 상-퀼로트는 평민들을 가리키는 말이 되었습니다. 당시 영세한 수공업자와 거기서 일하는 직공들이 상-퀼로트 계층의 중심을 이루었습니다. 그들은 적극적으로 혁명에 참여하고, 부르주아들과 연합했지만 주체 세력은 되지 못했습니다. 소규모의 자영농이나 소작인들도 재산이 없는 빈곤한 계층이기는 했지만, 서로의 입장이 달라 분열되어 있던 터라 혁명을 이끌 수는 없었지요.

주변 국가들은 프랑스 대혁명을 경계하며 혁명의 물결이 넘어오는 것을 막으려 했지만, 그 나라들에서도 부르주아의 사회적 약진은 계속되었습니다. 이미 신대륙의 식민지화와 해상 무역으로 인한 상업의 성장, 산업혁명으로 인한 공장과 제조업의 발달이 사회를 급속하게 변화시키고 있었죠. 상업과 제조업은 전부 부르주아와 자본의 영역이었고, 유럽의 귀족들은 이런 일에 종사할 수 없었기에 시대에 뒤처지게 되었습니다. 부르주아 자본가의 사업 규모는 점점 커지고 그 밑에 많은 노동자들이 고용되어 일하게 됩니다. 이제 공장 노동자들이 중심이 된 프롤레타리아 계급이 급속히 증가하고, 이들이 새로운 정치세력으로 등장하기 시작하는 시점이 오게 됩니다.

그 무엇보다도 노동계급의 급속한 증가는 산업혁명 때문입니다. 산업혁명은 증기기관과 함께 시작되었죠. 증기의 동력을 이용한 방직기계가 발명되고, 식민지에서 생산된 면화를 이용해 면직물을 짜는 방직공업이 발전했습니다. 증기기관차를 이용하는 철도도 발전하고, 이에 따라 석탄을 캐기 위한 광산과 철강업도 급속하게 성장했지요. 새로 생긴 공장이나 광산은 이전의 수공업 공장과는 비교가 되지 않는 큰 규모의 것들입니다. 이런 공장이 들어서는 곳에서 금세 도시가 형성됩니다. 영국의 맨체스터와 버밍엄, 독일의 뒤셀도르프, 프랑스의 리옹은 이렇게 성장한 공업도시지요. 공장을 짓고 도시가 들어서자, 노동자가 필요했습니다. 몰락한 농민들이 대거 도시로 가 노동자가 됩니다. 많은 인구를 맞을 준비가 되지 않은 도시에 노동자들이 몰리고, 이들의 생활환경은 비참할 정도로 악화됩니다. 비위생적인 주거공간과 전염병이 창궐하는 생활환경에 노출되며 하루에 14~15시간씩 일을 해야 했지만, 돈에 눈이 먼 자본가들은 이에 신경을 쓰지 않았습니다.

봉건사회의 장원莊園 경제는 이제 빠르게 자본주의사회의 공장경제로 변모합니다. 예전 봉건 영주의 역할을 부르주아 자본가가 대체하고, 농노는 노동자가 되지요. 부르주아 자본가들은 자신이 가진 돈을 이용해 '자원·설비·노동자'를 모아 다시 돈을 법니다. 「공산당 선언」을 쓴 마르크스와 엥겔스가 보기에 일을 하는 건 노동자인데 돈을 버는 것은 부르주아입니다. 노동자가 부르주아의 부를 창출하는 도구가 된 셈입니다. 그들은 착취당하는 노동자, 곧 프롤레타리아의 결사와 연합이 새로운 혁명을 이끌 수 있다고 생각하기 시작했습니다.

그렇지만 프롤레타리아의 결사와 연대가 그렇게 쉽게 이루어지는 건 아닙니다. 공장의 노동자들은 쉼 없이 일을 해 급료를 받아야 먹고 살 수 있기에 자본가들에 대항하는 결사와 연대를 하기가 쉽지 않습니다. 또한 공장과 지역에 따라 조건들이 다르기에, 노동자들끼리도 원하는 바가 다를 수 있습니다. 그래서 마르크스와 엥겔스가 꿈꾸었던 프롤레타리아의 혁명은 꽤나 오랜 시간이 흘러야 가능했습니다. 그리고 혁명의 방법도 완전히 바뀌어야 했지요.

역사를 보는 눈의 차이

부르주아와 프롤레타리아 두 계급은 시작된 연원도 다르고, 시기도 다릅니다. 이들을 대변하는 선언문에는 당연히 이런 두 계급의 시각 차이가 존재합니다. 부르주아의 「인권 선언」은 왕과 귀족이 독점하던 권력은 무효이고, 이제는 만민이 평등한 세상을 누리고 권력도 독점할 수 없다고 선언합니다. 한편 「공산당 선언」은 역사의 발전은 투쟁을 통해서 이루어져왔으며, 이제는 프롤레타리아가 혁명을 일으켜 부르주아를 타도해야 한다고 합니다. 역사를 보는 눈은 비슷한 듯해도 바탕에 깔린 시각은 서로 극단을 달립니다. 물론 「공산당 선언」이 프랑스 대혁명을 부정하는 건 아니지만, 거기서 더 나아가야 한다고 말합니다.

먼저 「인권 선언」에서는 제1조에서 "인간은 자유롭고 평등한 권리를 지니고 태어나서 살아간다. 사회적 차별은 오로지 공공 이익에 근거할 경우에만 허용될 수 있다"고 선언합니다. 이 조문은 루소와 같은 계몽주의자들이 주장하던 자연법 사상에 근거하고 있습니다. 자연 상태에서 인간은 평등하게 태어났다는 것이죠. 그 이전 봉건주의 세계에서는 왕과 귀족이 갖는 특권은 신에게서 받은 것이라 했습니다. 그래서 왕위에 오르거나 할 때 신을 대신한 교황이나 주교에게 그 권위를 인정받았죠. 이렇게 신권과 왕권이 결합하여 서로에게 특권을 부여하고 서로를 인정한 겁니다. 왕은 교회의 권리를 보장하고, 교회는 왕의 권리를 보장했죠. 프랑스 대혁명의 근간은 왕과 귀족이 갖는 특권을 부정하고 만민이 평등하다는 사실을 강조한 것입니다.

그렇지만 이 조문은 예외를 두고 있습니다. '차별이 공공의 이익에 부합될 때'는 허용될 수 있다는 것이죠. 여기서 공공의 이익이란 아마도 국가나 사회를 의미할 겁니다. 그러므로 이 단서가 있는 것은 다른 차별의 존재를 암시합니다. 가령 상업이 국가나 사회에 이익이 된다면 이에 대한 특권이 인정될 수 있는 것이겠죠. 이렇듯 「인권 선언」에서는 왕과 귀족의 권리는 부정하지만, 부르주아의 이익이 걸린 문제에 대해서는 항상 여지를 남겨둡니다.

「공산당 선언」은 「인권 선언」의 평등의 정신을 부정하지는 않습니다. 「공산당 선언」 또한 프랑스 대혁명이 순식간에 봉건제도를 뒤엎은 일에 영감을 받아 프롤레타리아의 혁명을 꿈꾸기 때문입니다. 프랑스 대혁명의 모델이 없다면 공산주의 혁명도 생각할 수 없습니다. 그렇지만 「공산당 선언」은 "모든 역사는 계급투쟁의 역사"였다고 선언하고 나서, "봉건사회가 몰락하면서 발생한 현대 부르주아 사회는 이런 계급을 폐지하지 않았다"고 반발합니다. 「인권 선언」이 인간의 합리성과 이성에 근거해 평등한 권리를 이야기했던 것과는 완전히 다른 역사관을 보여줍니다.

가령 「인권 선언」은 불평등이란 종교가 뒷받침하는 왕과 귀족 등의 신분제도로 인해 생긴 것으로 파악합니다. 그렇지만 마르크스와 엥겔스는 이런 역사관을 송두리째 뒤엎습니다. 모든 역사가 '계급투쟁의 역사'라는 것이죠. 원시적 공산체(문명 사회 이전에 존재했으리라 여겨진 공산주의 사회) 말고는 여태까지의 역사는 모두 서로 다른 계급이 투쟁해온 역사였다는 말입니다. 신분제도가 사

「공산당 선언」을 함께 작성한 카를 마르크스(왼쪽)와 프리드리히 엥겔스(오른쪽). 두 사람은 오랜 세월 저술 활동과 정치 활동을 함께했다. 마르크스의 유명한 『자본론』도 1권만 마르크스 생전에 나왔고, 2권과 3권은 마르크스 사후에 엥겔스가 편집하여 발간했다.

라진 프랑스 대혁명 이후에도 그것은 마찬가지라는 거지요.

「공산당 선언」은 역사는 지배자와 피지배자, 주인과 노예, 억압자와 피억압자, 가진 자와 없는 자의 대립과 투쟁으로 점철되어왔으며, 어느 계급은 완전히 몰락하고 어느 계급은 번성하는 흥망성쇠의 반복으로 진행되어왔다고 말합니다. 그리고 프랑스 대혁명으로 최종적인 두 계급이 남았는데, 바로 부르주아와 프롤레타리아라는 겁니다. 그래서 마지막에는 프롤레타리아의 혁명이 필요하다고 주장합니다.

「공산당 선언」이 보여주는 세계는 여태까지의 관념적 세계와는 다른 것이었습니다. 세상의 근본적인 원리를 신이라든가 인간의 이성이 아닌 물질의 문제로, 더 나아가서는 물질의 소유에 대한 문제로 보았던 겁니다. 그래서 이런 물질적 소유의 불균형이 계속되는 한 세상은 다시 새로운 형태의 투쟁으로 넘어간다는 것이죠. 때문에 역사의 최종 단계에서는 물질을 공동으로 소유하여 계급을 없애는 혁명이 필요하다는 주장입니다. 마르크스와 엥겔스에 따르면, 그것이 바로 프롤레타리아 혁명인 것이죠. 그들은 여태까지의 역사관과 철학을 완전히 바꾸어 이런 혁명의 필요성을 설파했습니다. 비록 그 당시는 혁명에 성공하지 못했지만 말이죠. 결국 시간이 흘러 상대적으로 농민이 많고 프롤레타리아는 얼마 안 되는 러시아에서 혁명이 일어나 공산주의 체제를 시도하게 되지요.

재산권과 자유권

부르주아와 프롤레타리아의 가장 큰 차이는 신분이 아니라 재산이 있고 없음입니다. 부르주아의 선언에서는 당연히 '재산의 권리'가 중요합니다. 「인권 선언」 제2조에서는 인간의 소멸할 수 없는 권리인 자연권을 이야기하며 "자유, 재산, 안전, 그리고 압제에의 저항 등"을 예로 듭니다. 사실 여기서의 핵심은 재산권입니다. 개인이 자기 재산을 지키는 것은 자연권처럼 하늘이 내려준 권리라는 이야기죠. 이것은 재산을 가진 부르주아로서는 당연한 권리 주장입니다.

이 정도로는 재산권 규명을 또렷이 하기엔 미흡하기 때문에 마지막 17조에서 한 번 더 강조합니다. 이번에는 재산권이란 모호한 표현이 아닌 '소유권'이라는 말로 개인의 권리를 명시하죠. "소유권은 신성불가침의 권리이므로 합법적으로 확인된 공공의 필요가 명백히 요구하고 또 정당한 사전 배상의 조건하에서가 아니면 결코 침탈될 수 없다"는 내용입니다. 이렇게 과거에 왕이나 귀족들이 누렸던 특권이 신에게 부여받은 권리인 양 간주됐던 것처럼, 이제는 부르주아의 소유권이 누구도 침해할 수 없는 신성한 것으로 여겨지게 됩니다. 왕과 귀족의 특권은 모두 없애면서, 자신들의 재산 소유권은 최고의 권리로 만든 겁니다. 이 재산 소유권은 지금도 가장 기본적이고 중요한 권리로 여겨지고 있습니다. 우리는 이

「인권 선언」의 바탕 위에서 살고 있는 셈이죠.

당연하게도 「공산당 선언」은 이에 대해 반박합니다. 보통 공산주의 하면 사유재산을 부정하는 것으로 이해하지만, 「공산당 선언」에서 개인적인 소유를 완전히 부정하는 것은 아닙니다. 자본주의 사회 이전의 수공업자들이 가졌던 개인적인 소유는 부정하지 않는다고 말하지요. 단지 사회의 자본을 공유해야 한다는 주장입니다. "자본은 개인적인 힘이 아니라 사회적인 힘"이고, "자본이 공동의 소유, 곧 사회 구성원 전체에 속하는 소유로 변한다 하더라도 개인적 소유가 사회적 소유로 변하는 것은 아니"라고 합니다. 그러니 옷이나 가구, 생활용품 같은 평범한 개인들의 소유를 없애는 것이 아니라, 사회의 생산수단인 자본을 공동의 소유로 하겠다는 의미지요.

개인적인 소유를 막는 것까지는 아니지만, 「공산당 선언」에서 이야기하는 재산권과 소유권 개념은 「인권 선언」의 내용과는 대조적입니다. 이 당시에 생산수단인 자본은 모두 부르주아의 소유였는데, 이런 자본을 부르주아 개인이 소유하면 안 된다고 한 것이니까요. 마르크스와 엥겔스는 부르주아가 공장 등의 생산수단을 소유하여 노동자를 고용해 서로 경쟁적으로 생산물을 만들어내던 방식을 바꾸어, 프롤레타리아가 자본을 공동 소유하고 만들어진 생산물을 필요에 따라 나누는 사회로 가야 한다고 주장합니다.

「인권 선언」에서 재산권 다음으로 중요한 것은 자유권입니다.

「인권 선언」 제4조 전체가 자유권을 위해 할애돼 있습니다. 그 내용은 "자유는 타인을 해치지 않는 범위 내에서 무엇이든 할 수 있는 자유이다. 그러므로 저마다의 자연권 행사는 사회의 다른 구성원에게도 같은 권리를 보장해주어야 할 경우 외에는 제약을 받지 아니한다. 이 제약은 오로지 법률에 의해서만 규정한다"는 것이지요. 봉건제도 아래서는 왕이나 영주의 권한이 절대적이었습니다. 그래서 제3계급의 자유는 아주 위태로웠고, 왕이나 귀족 혹은 교회의 의사에 따라 구속당할 수 있었습니다.

부르주아 입장에서는 왕이나 귀족이 그들의 특권을 이용해서 부르주아의 자유권을 박탈하지 못하도록 하는 것이 중요했습니다. 그래서 혁명으로 왕과 귀족의 특권을 폐지했지만, 그것만으로는 자유권이 완전히 보장되었다고 할 수 없습니다. 언제 또 누가 지배자가 되어 자신들의 자유를 제약할지도 모르니까요. 그리고 때로는 공공의 이익을 위해서는 자유의 제약이 필요한 것도 사실이죠. 그래서 중요한 것은 자유의 보장을 원칙으로 하면서, 적절한 사유와 절차에 의해서만 제약하게끔 하는 규정입니다. 선언문의 제4조가 그런 규정인 것이지요.

「공산당 선언」은 이런 부르주아의 자유관에 동의하지 않습니다. 그런 자유는 그들만의 자유라는 점을 명확히 하고 있습니다. 부르주아가 "'타고난 상전'에게 사람을 묶어 놓던 온갖 잡다한 봉건의 끈을 가차 없이 잘라버렸다"고 평가하면서도, 곧이어 부르주아들이 "개인의 존엄을 교환가치로 녹여버렸고, 특허장으로 확인받은 파기할 수 없는 수많은 자유들을 단 하나의 파렴치한 자유, 상거래의 자유로 대체했다"고 그 한계를 지적합니다. 부르주아들이 모든 자유를 자기들에게 맞는 상업의 자유로 바꾸어버렸다는 겁니다. 곧 그 자유란 부르주아들에게만 적용되는 자유이며, 프롤레타리아는 부르주아의 자유 때문에 더 부자유해진다는 이야기죠. 계급투쟁으로 역사와 사회를 해석하는 관점이 여기서도 드러나는 셈입니다.

이에 따르면 부르주아는 상업 활동의 자유를 얻어 마음껏 임금노동을 사고 팔 수 있는 상품으로 만들어 경쟁시킬 수 있습니다. 반면 프롤레타리아는 먹고살기 위해 어쩔 수 없이 이 경쟁에 뛰어들 수밖에 없고, 적은 임금 때문에 자유는 더 줄어듭니다. 그러니 「인권 선언」에서 보장하는 종류의 자유는 일부의, 즉 부르주아만의 자유일 수밖에 없다는 것이 「공산당 선언」의 논리입니다. 그래서 이 선언에서는 자유권을 강조하는 내용은 찾기 어렵습니다.

법과 제도에 관한 태도

프랑스 대혁명의 모토가 '자유·평등·박애'라 하지만 그건 밖으로 내세운 것이고, 실제로 가장 중요했던 것은 '재산권' 문제일 겁니다. 추상적인 자유나 평등 같은 개념보다, 내 재산에 대한 권리를 어떻게 보장할 것인가가 현실에서 더 중요했죠. 봉건사회에서 부르주아의 권익을 지켜준 것은 부르주아의 상전인 왕이나 귀족입니다. 물론 그들도 자신의 이익과 부합되는 것이 있을 때 부르주아의 권익을 지켜줬겠죠.

이제 세상이 바뀌어서 부르주아들은 자신의 상전인 왕이나 귀족들을 다 쫓아냈습니다. 그들의 간섭과 부당한 명령을 듣지 않아도 되는 것은 좋지만, 다른 한편으로는 자신들을 보호해줄 방패막이 없어졌습니다. 그러니 새로운 방패막이 있어야 합니다. 그들이 택한 방패막은 바로 '법'입니다. 그래서 「인권 선언」에는 제5조에서 제9조까지 무려 다섯 조를 '법에 의한 통치'에 관한 조항으로 채웁니다. 여기에는 오늘날까지도 통용되는 법의 대원칙들이 거의 모두 들어 있습니다.

제5조는 "법은 사회에 해로운 행위"만 금지해야 함을 말하며, 제6조에서는 "시민들은 직접, 또는 그들의 대표를 통해" 법의 제정에 참여할 수 있고 "모든 시민들은 법 앞에 평등"하다고 규정하고 있습니다. 지금은 당연한 이런 원칙들이 그때 비로소 만들어진 것이죠. 누구든 법에서 규정한 방식으로만 기소·체포·구금될 수 있다는 제7조의 내용과, 법은 처벌 규정을 명확하게 규정해야 한다는 제8조의 내용은 오늘날 '죄형법정주의'로 자리잡았습니다. 제9조는 "유죄로 선고되기까지는 누구나 무죄로 간주된다"는 '무죄추

정의 원칙'을 담고 있지요.

「인권 선언」에 법에 관한 조항이 거의 3분의 1이나 된다는 것은, 부르주아들이 혁명에는 성공했지만 새로운 사회의 모습에 대해 큰 불안감을 가지고 있었다는 점을 짐작할 수 있게 합니다. 이제는 왕과 교회로 대표되는 구시대의 질서가 사라졌으니, 무엇으로 새로운 시대의 질서를 세워야 할까요? 그런 것이 없다면, 그들이 지키려 하는 자유나 평등, 그리고 재산권도 위협받을 수밖에 없습니다. 그래서 새로이 법에 의지하려 한 것입니다. 곧 법을 제정하는 입법부와 판결하고 집행하는 사법부를 사회 질서 유지의 대안으로 본 것이죠.

반면에 「공산당 선언」에는 법에 관해서 이야기하는 대목은 거의 없습니다. 과거의 소련이나 지금의 중국 내지 북한처럼 공산국가라 해서 법이 없거나 입법기관과 사법기관이 없지 않은데, 이렇게 법을 깡그리 무시하는 것은 이상합니다. 그런데 달리 생각해보면 이는 당연한 일입니다. 「인권 선언」은 혁명이 성공한 뒤에 나온 것이고, 「공산당 선언」은 아직 프롤레타리아 혁명의 싹조차 움트지 않았을 때 미래에 대한 전망이자 예언으로 나온 것입니다. 「인권 선언」은 세상을 뒤엎은 뒤 새로운 질서를 세워야 하는 입장에서 그 기본적인 원칙들을 천명하는 데 목적이 있습니다. 그렇지만 「공산당 선언」의 관점에서 지금 이 세상은 뒤집어야 하는 세상이고, 기존의 세상을 유지하는 질서인 법은 무시하거나 폐지해야 하는 대상입니다. 새로운 질서를 세우는 것은 혁명이 성공한 다음에나 해야 할 일인 것이죠. 그러니 당연히 법에 관한 이야기가 드물 수밖에 없으며, 그나마도 부정적으로만 언급됩니다. 현재의 법률 자체가 부르주아를 보호하는 것이라고 보기 때문이죠.

이렇듯 「인권 선언」과 「공산당 선언」에서는 '법과 제도'를 근본적으로 다른 시각에서 바라봅니다. 부르주아의 세계에서 법은 사회를 수호하기 위해 반드시 따라야 할 것이지만, 프롤레타리아의 입장에서는 봉건제도와 마찬가지로 타도 대상일 뿐입니다. 법에 대한 「공산당 선언」의 이런 태도는 훗날 세워지는 공산주의 국가에서도 나타납니다. 공산주의 국가에도 법은 존재했지만, 국가를 실질적으로 지배하는 당이 법률과 모든 질서 위에 존재하게 됩니다. 자본주의 국가에서 법이 어떤 통치자도 부정할 수 없는 것이 되고, 이 법률을 기반으로 해서 사회가 돌아갔던 것과는 상반된 모습이었죠.

혁명, 그 후

「인권 선언」을 읽다 보면 우리 헌법에 나온 개념들이 다 여기서 비롯됐구나 하는 생각이 저절로 듭니다. 종교의 자유라든가 사상과 의견의 자유, 언론의 자유 등등. 공권력의 규정이나 납세의 의

무와 같은 것이 전부 여기 들어 있습니다. 지금 우리의 헌법은 이 골조에다 더욱 자세한 내용을 덧붙인 것이라 볼 수 있습니다. 지금 우리가 사는 세상도 프랑스 대혁명에 연원을 두고 있다는 이야기입니다.

그렇지만 그 혁명이 순탄하게 진행된 것은 결코 아닙니다. 주변의 국가들은 혁명정부를 무너뜨리려 했고, 혁명세력들은 권력투쟁을 벌였습니다. 그러다 나폴레옹이 다시 황제가 되었으며, 옛 왕정이 돌아오기도 했습니다. 왕정과 공화국을 여러 차례 오갔으며, 완전한 공화국이 서기까지는 상당한 시간이 필요했습니다. 이렇게 어려운 고비를 넘어서 오늘날 같은 민주적 공화국 체제를 완성한 것이죠. 그런 우여곡절을 겪었지만 봉건사회를 뒤엎고, 오늘날까지 이어지는 민주공화정의 시작을 열었다는 점에서 프랑스 대혁명과 「인권 선언」은 실로 대단한 성취였다고 할 수 있습니다.

마르크스와 엥겔스의 「공산당 선언」은 짙은 안개 속에서 혁명을 꿈꾸는 선언이었으니, 그 뒤의 전개는 한없이 느렸습니다. 마르크스와 엥겔스는 이 선언을 가지고서 공산주의 운동을 이끌려 했으나 그들이 살아 있는 동안에는 어떤 공산주의 혁명도 보지 못했습니다. 그리고 실제 공산주의 혁명이 성공한 곳은 산업혁명의 중심지였던 영국·프랑스·독일이 아니라 산업혁명의 물결이 아직 제대로 미치지도 못한 후발국가 러시아였지요.

1917년 러시아 혁명의 성공도 마르크스와 엥겔스가 생각한 방식은 아니었습니다. 러시아 혁명을 성공시킨 레닌은 프롤레타리아에 의존하기보다 소수의 직업혁명가가 다수의 프롤레타리아를 지도하고, 노동자와 농민을 결합시켜 혁명의 성공을 이끌었습니다. 이후 중국·베트남·쿠바 등지에서도 저마다 특색 있는 방식으로 공산주의 정부가 탄생합니다. 「공산당 선언」이 공산주의 혁명가들에게 큰 영감을 주었지만, 실제 실현은 그 선언이 제시한 바와는 상당히 달랐던 것입니다.

어쨌든 이 두 선언은 과거 200여 년 동안 현재의 세계가 이루어지는 데 가장 큰 역할을 한 문건이라고 할 수 있습니다. 그러기에 이 선언문을 통해서 우리의 현재를 가늠하는 일은 매우 중요합니다. 「인권 선언」과 「공산당 선언」을 오늘날에도 읽는 이유일 겁니다.

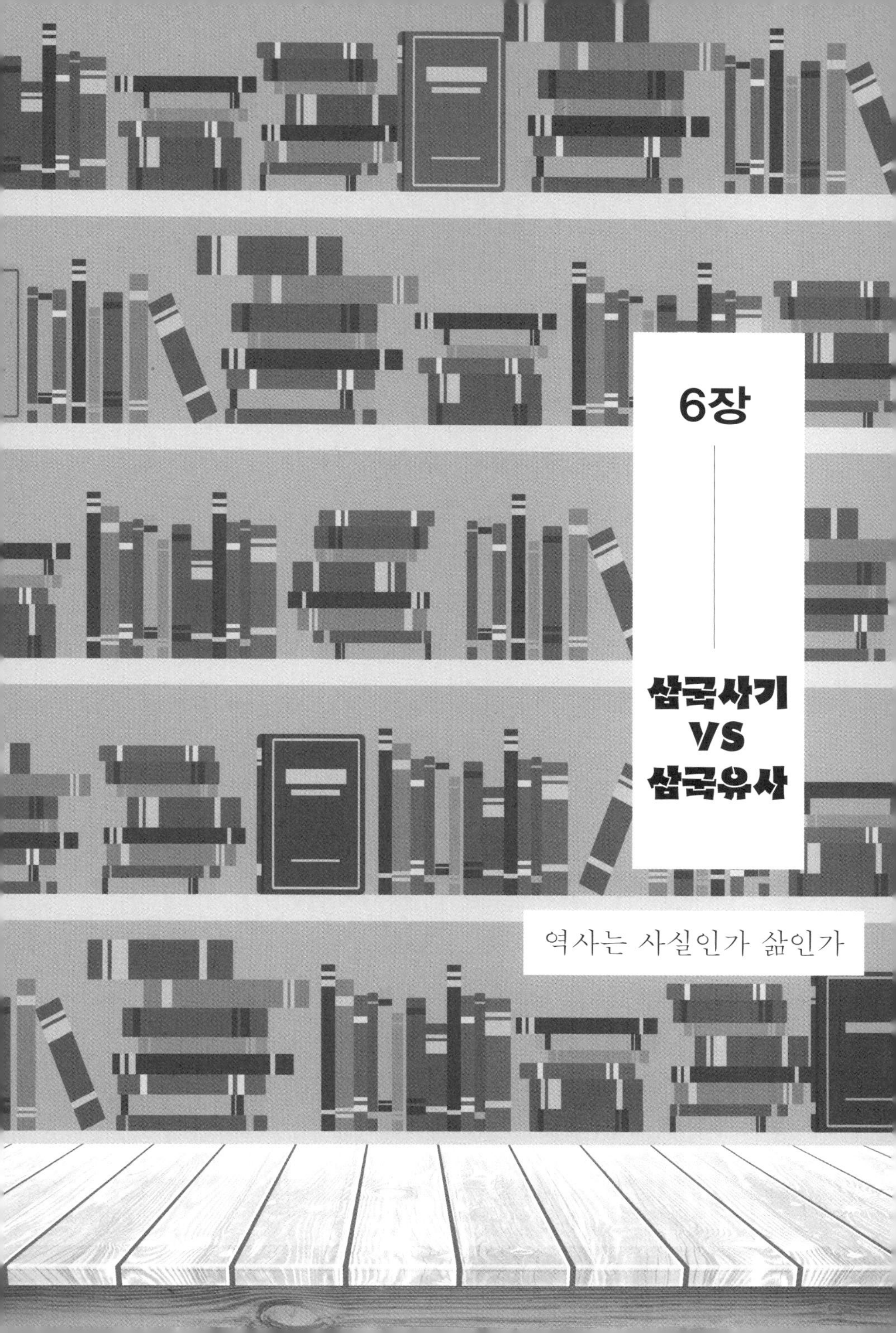

6장

삼국사기 VS 삼국유사

역사는 사실인가 삶인가

역사는 사실인가 삶인가

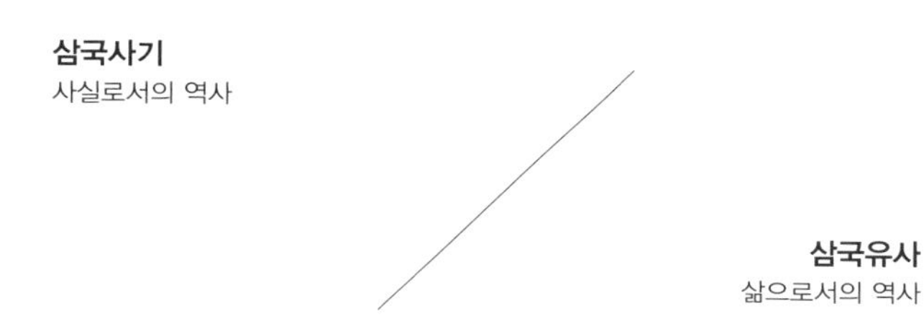

정사냐 야사냐

과거 중국을 다스렸던 왕조들에는 그 이전 왕조들의 역사를 정리해서 편찬하는 전통이 있었습니다. 역사란 것이 앞 시절의 일이니 나중 시대에 편찬하는 것은 어찌 보면 당연한 일이지만, 중국의 경우는 왕조 차원의 국가적인 작업이었다는 게 특징입니다. 예를 들어 원나라는 그 이전 송나라의 역사를 『송사』라는 책으로 펴냈고, 원나라 다음에 들어선 명나라는 『원사』라는 역사서를 편찬했습니다. 또 명나라의 역사는 청나라 시절에 『명사』로 정리되었지요. 이렇게 왕조 차원에서 공식적인 역사를 편찬하는 일은 서양에는 없는 일입니다. 그렇게 해서 중국의 경우 '25사'라는 25권의 정규 역사서가 만들어졌죠.(가장 근대의 왕조인 청나라의 역사는 아직 나오지 않았습니다.) 25사의 첫 책인 『사기』는 사마천이라는 개인이 편찬한 것이지만, 후대의 모범이 되어 다른 정사들도 『사기』의 형식을 따라 편찬되었습니다.

우리나라에서도 중국 왕조들의 전통을 따라 국가 차원에서 전 시대의 역사를 편찬했습니다. 그런데 우리의 경우는 왕조가 중국처럼 빠른 속도록 바뀐 것도 아니고, 삼국-통일신라-고려-조선 정도로 상당히 간략합니다. 삼국의 일원인 신라가 통일해서 이어졌기에 삼국-통일신라에 이르는 고려 때 역사를 정리한 『삼국사기』와 조선시대에 고려의 역사를 정리한 『고려사』 두 책만이 공식적인 정규 역사서로 남아 있습니다. 물론 조선시대의 역사 기록으로는 『조선왕조실록』이 있지만 이는 당시의 사관이 기초적 역사 자료인 사초史草를 정리하여 만든 것으로, 이를 토대로 다시 후대에 '조선사'로 서술해야 합니다. 다만 지금은 국가가 역사를 통제하는 시대가 아니기에, 국가에서 직접 역사서를 편찬하지 않고 민간의 역사학자들이 이 일을 하지요.

『삼국사기』는 정사이면서 현재까지 남아 있는 우리나라 역사서 중 가장 이른 시기를 다룬 책이기도 합니다. 『삼국사기』는 고려 인종 때 왕이 직접 김부식(1075~1151)에게 편찬을 명했고, 이에 김부식은 자신이 잘 아는 학자 열 사람을 거느리고 함께 역사서를 만들었습니다. 그러니까 대표 저자는 김부식이지만 이 역사서 편찬에 참여한 사람들의 시각 역시 반영된 저술이라 할 수 있습니다. 『삼국사기』를 발간한 해는 1145년입니다. 통일신라 말기에 후고구려와 후백제가 일어나고, 고려가 이를 다시 재통일한 것이 935년이니 『삼국사기』는 삼국의 역사가 종료된 지 200여 년이 지나 서술된 것입니다. 당시는 고려가 비교적 안정되고 번영을 누리는 시기였습니다. 고려 왕조로서는 자신들이 앞선 왕조들을 이은 정통 국가라는 것을 분명히 하며, 정체성을 확립하기 위한 작업이었을 테지요.

『삼국사기』는 국가의 사업으로 추진한 일이기에 국가적인 지원을 받아 충분한 자료를 참고할 수 있었을 겁니다. 그러기에 지금은 전해지지 않는 자료들이라도 『삼국사기』에서 옮겨 인용한 내용은 후세에 전해질 수 있었습니다. 고려가 불교를 국교로 삼은 나라이기는 했지만, 이 역사서의 편찬은 유학적인 관점에서 시행된 사업입니다. 역사를 편찬해서 후대의 거울로 삼는다는 것부터 유학의 전통입니다. 춘추전국시대 이전의 고대 역사를 담은 『상서尙書』가 유학의 대표 경전인 '삼경三經'에 들어가기도 하지요.(『상서』를 유학 경서로 부를 땐 『서경書經』이라고 부릅니다.) 책의 이름에 '사기'를 쓴 것도 유학의 전통을 그대로 이어받은 겁니다. 『사기』를 지은 사마천 역시 유학의 관점에서 역사를 서술했으니까요.

유학의 관점에서 역사란 과거의 통치 기록이고, 그로부터 교훈을 얻어 현재 통치의 거울로 삼아야 할 대상입니다. 제왕과 관료들

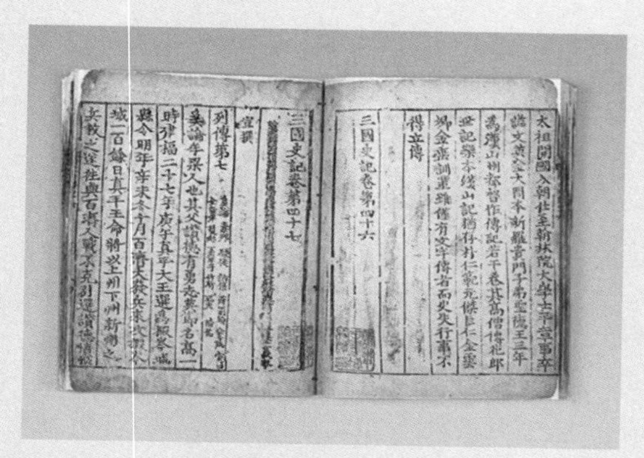
得立傳
三國史記卷第四十六
三國史記卷第四十七
列傳第七

『삼국사기』가 처음 편찬된 것은 1145년이지만, 당시의 판본은 존재하지 않는다. 사진은 13세기 후반에 간행된 『삼국사기』로, 전해지는 것 중에는 가장 오래된 판본이지만 전체가 아닌 일부만 남아 있다. 현재 완전본으로 전해지는 『삼국사기』는 고려시대와 조선 태조와 중종 때 간행된 것이 종류별로 섞여 있다.

이 통치할 때 과거로부터 배워서 해야 한다는 이야기죠. 역사를 제왕학이나 통치술의 관점에서 바라본 겁니다. 송나라 때 사마광이라는 학자가 역사적 사실들 중 참고해야 할 일들을 뽑아 『자치통감資治通鑑』이란 책을 지었는데, 이 제목이 뜻하는 바는 '역사를 거울삼아 다스리라'는 것이죠.

김부식의 『삼국사기』는 사마천의 『사기』 형식을 차용하되, 「열전列傳」보다는 「본기本紀」에 중점을 두었습니다. 본기는 주로 왕실을 중심으로 한 정치적인 일들을 기술한 것으로 성을 쌓고 전쟁을 벌이는 일, 임금이 백성이 사는 곳을 순행하는 일, 관리의 임명이나 관청을 설립하는 일, 조상이나 하늘에 대해 제사를 지내는 일, 천재지변이나 하늘에 나타난 징조들과 같은 크고 중요한 일들을 자세히 기록한 것입니다. 물론 뒤에 여러 제도를 기록한 「잡지雜志」, 인물들의 전기인 「열전」, 연대기인 「표表」와 같은 전통적 역사서가 갖추어야 할 모든 항목을 다 갖추고 있습니다.

반면에 『삼국유사』는 그런 정통의 역사에서 거리가 먼 책입니다. 먼저, 나온 시기부터가 삼국시대와는 거리가 꽤 있습니다. 일연(1206~1289)이 이 책을 쓸 때 나이는 생의 마지막에 다가선 70대 후반이었지요. 그렇다면 13세기가 저물어가던 시절로 삼국시대가 끝난 뒤부터 따져도 600년이 훌쩍 넘었고, 신라가 완전히 사라지고 난 뒤에도 350년이나 지난 시기입니다. 그리고 『삼국유사』를 목판으로 인쇄한 것은 일연이 책을 쓰고 난 다음 100년 가까운 시간이 더 흐른 뒤였습니다. 다루는 시대와 쓰고 발간한 시대가 상당히 벌어져 있는 셈이죠. 그것은 역사책으로서 태생적인 약점일 수도 있습니다. 또한 『삼국유사』의 제목에 '삼국'이 있긴 하지만 정작 내용 대부분은 '신라' 위주입니다. 일연이 신라인의 후예이고 예전 신라 지역에서 대부분의 삶을 보냈기에 사료가 편중되었던 탓일 겁니다. 하지만 단군신화와 부여·삼한과 가야 등 삼국 이전의 내용도 담고 있다는 점은 『삼국유사』의 큰 장점입니다.

역사서로서 『삼국유사』의 치명적인 약점은 책의 내용 가운데는 실제 있을 법하지 않은 설화와 비현실적인 이야기들이 상당수라는 것입니다. 물론 『삼국사기』에도 박혁거세가 알에서 나온 것과 같은 비현실적인 내용이 등장하긴 하지만, 그러한 건국설화 부분을 제외하면 신비한 이야기는 없는 편입니다. 그렇지만 『삼국유사』에는 부처와 신선, 귀신 등의 존재가 출몰하는 다양한 전설이 수록돼 있습니다. 이런 단점은 『삼국유사』가 정규 역사의 영역으로 들어오는 데 상당한 걸림돌이 됩니다. 무엇보다도 역사의 서술은 정확하고 객관성이 있어야 하는데, 의심부터 하고 보게 하니까요. 역사 기록의 진실성에 대한 의심이, '정말 이런 일이 있을 수 있다는 거야' 하는 생각이 들게 됩니다. 그래서 『삼국유사』는 역사책으로서의 신뢰도는 떨어집니다.

그렇지만 『삼국유사』처럼 전해오는 설화와 전설을 다양하게 기록한 것이 또 다른 역사적 의미를 전해 줄 수도 있습니다. 우리가 사는 세상이 꼭 합리적이고 이성적인 세상은 아닙니다. 요즘과 같은 과학기술의 시대에도 사람들은 흔히 점을 치고 괴이한 이야기에 빠져듭니다. 그리고 많은 사람들이 종교를 믿으며 신비한 체험을 한다고 여기기도 합니다. 요즘 시간이동이나 초능력·좀비·귀신 등등은 영화나 소설의 단골 소재이기도 하지요. 사람은 합리적인 것만 추구하지 않을뿐더러, 그런 상상의 이야기를 통해서 사람들의 심리나 생각을 엿볼 수도 있습니다. 예전의 전설이나 설화 또한 인간이 아주 오래전부터 머릿속에서 상상하던 세계관의 일부입니다. 그것을 비과학적이라며 한마디로 배척할 수 없기에 요즘과 같은 과학의 시대에도 남아 있겠죠.

『삼국유사』는 『삼국사기』와 구성 체제도 다릅니다. 첫 권은 「왕력王曆」으로 삼국·가락국(가야)·후삼국의 연표를 담고 있고, 2권인 「기이紀異」에서는 고조선·삼한·부여·삼국의 건국설화와 여러 신비로운 이야기들을 서술합니다. 3권 「흥법興法」 이후는 모두 불교의 전래와 발전 등 모두 불교와 관련된 글들입니다. 일연이 이렇게 『삼국사기』와 다른 형식의 책을 지었다는 것은 목적이 달라서일 겁니다. 일연은 유학적 세계관으로 지은 『삼국사기』에 만족하지 못하고, 승려로서 그와는 다른 역사가 있음을 이야기하고 싶었던 것 같습니다. 그것이 『삼국유사』를 지은 진정한 목적이겠죠.

일연이 생각하는 『삼국유사』의 핵심은 「흥법」 이후의 불교에 관한 장들이었던 것 같습니다. 결국은 온 나라가 '부처의 나라'가 되기 바라는 염원을 이 책에 담은 것이지요. 「왕력」이야 그저 역사적인 개괄을 독자에게 이해시키기 위한 방편이었을 겁니다. 그렇지만 이 『삼국유사』에서 가장 귀중한 부분은 「기이」 장입니다. 이 「기이」는 온통 신화와 설화, 그리고 야사野史의 경계를 넘나드는 이야기들입니다. 일연이 이 부분을 기술한 이유는 뚜렷하지 않습니다. 다만 교리 대부분이 설화 체계인 불교와 마찬가지로, 불교가 전래되기 이전의 설화들을 보여줌으로써 이 땅에 부처님의 뜻이 이미 펼쳐 있던 것처럼 보이게 하기 위함이 아닐까 짐작해봅니다.

여하튼 『삼국유사』의 「기이」 부분은 단군신화가 나올 뿐만 아니라, 이성적이고 객관적인 역사는 아닐지라도 풍부한 설화적 상상력이 넘쳐나는 이야기들로 구성되어 있습니다. 이것을 그저 사이비 역사나 괴담이라고 치부할 수는 없습니다. 예전에는 이런 것들을 중요하게 취급하지 않았지만, 지금은 이들 설화가 인간 본연 심성의 구조를 이야기한다고 하여 가치를 높이 평가하고 있습니다. 그리고 이 설화들은 문학적 상상력이 넘치기에 재미있습니다. 여러분들이 『삼국유사』를 읽어본 적이 없더라도, 이 가운데는 이미 알고 있는 이야기들이 무척 많을 겁니다. 동화로, 소설로, 영화나 드라마로 개작되어 우리가 수없이 접했기 때문이지요. 그렇게 여러 장르의 작품으로 만들어졌다는 것은 이 이야기들이 지닌 매력이 뛰어나다는 증거입니다. 그런 면에서 『삼국유사』는 정사인 『삼국사기』 못지않은 가치와 매력이 있으며, 어떤 면에서는 딱딱

한 역사를 넘어서서 인간 본연의 향기가 나기도 합니다.

사실인가, 허구인가

『삼국사기』와 『삼국유사』는 같은 시대를 서술했기에 당연히 겹치는 내용도 많습니다. 그렇지만 각기 서술의 내용이 다릅니다. 같은 사실을 가지고도 사뭇 다른 이야기로 전하고 있지요. 신라의 36대 혜공왕(재위 765~780년)은 아버지인 경덕왕 때 절정기를 맞이했던 신라가 쇠락기로 접어드는 시점에서 왕이 되었습니다. 혜공왕 시절에는 나라 안에서 반란과 내란이 끊이지 않았으며 괴이한 이변들도 많았습니다. 이렇게 혼란과 이변의 묘사에서 두 역사책은 미묘한 차이를 드러냅니다.

『삼국사기』에는 혜공왕 2년에 "강주康州에서 땅이 꺼져 못이 되었는데, 길이와 너비가 50여 척이나 되었고 물빛은 검푸렀다"라고 기술돼 있습니다. 이처럼 땅이 꺼졌고, 거기에 물이 들어와 연못이 되었다는 평범한 사실을 이야기하고 있지요. 당시 지진이 많이 기록된 것으로 보아 크게 신기한 일은 아닙니다. 그런데 『삼국유사』에는 같은 사실을 이렇게 기록하고 있습니다. "강주康州 관가의 몸채 동쪽에 땅이 차츰 꺼져 못이 되었는데 길이가 13척이요 너비가 7척이나 되었다. 갑자기 잉어 대여섯 마리가 생겨 계속하여 점점 커지니 못도 역시 이에 따라 커졌다."

이 두 묘사는 확연한 차이가 있습니다. 연못의 크기에 차이가 있는 것은 그리 큰 문제가 아닙니다. 지각의 변동으로 새로이 생긴 연못이라면 관찰 시기에 따라 실제로 얼마든지 다를 수 있지요. 그런데 『삼국사기』는 연못이 새로이 만들어진 것과 그 외양에 대해서만 이야기하고 있지만, 『삼국유사』는 더욱 들어가 연못에 잉어가 나타난 일과 그로 인한 연못의 변화를 적고 있습니다.

이 두 서술이 보여주는 차이는 생각보다 큽니다. 『삼국사기』는 사실만을 기록했다면, 『삼국유사』는 사실을 뛰어넘어 설화적 전개까지 보여주고 있습니다. 그래서 새로이 연못이 생겨난 일이 어떤 계시를 담고 있는 것처럼 윤색되어 있지요. 잉어가 무엇을 뜻하는지 명확하지는 않지만, 잉어가 자라며 연못이 커진다는 것은 그냥 연못만 생기는 것과는 아주 다른 이야기입니다. 지금도 아주 간단한 사실이 이야기가 전해지면서 살이 붙어 어떤 특별한 뜻이 있는 것처럼 와전되는 경우가 종종 있습니다. 가령 홍수를 단순히 비가 많이 온 사건으로 전하지 않고 세상을 징벌하기 위한 일로 본다던가, 전염병이 닥치면 신이 노했다거나 하는 해석을 덧붙이는 것과 같습니다. 이처럼 두 역사서는 같은 사실을 서술할 때도 명확한 관점의 차이가 있습니다.

백제의 30대 무왕(재위 600~641)은 의자왕의 아버지로, 삼국이 무력으로 경합하던 어려운 시기에 즉위했습니다. 그래서 유난히 전쟁을 많이 했고, 백제의 영토를 방어하고 신라와 고구려를 견제하려 애를 썼던 왕입니다. 『삼국사기』에는 주로 무왕 시절의 전쟁과 성 쌓기, 외교 활동을 길게 서술하고 있습니다. 국가적 관점에서 가장 중요한 일은 그런 사실들이었기 때문입니다. 무왕 개인에 대해서는 "무왕은 이름이 장璋이고, 법왕의 아들이다. 풍채가 빼어나고 헌걸찼으며, 품은 뜻과 기개가 호걸스러웠다"라고만 간략하게 소개하고 있으며, 가족관계에 대해서도 맏아들 의자義慈를 태자로 책봉했다는 정도밖에 나와 있지 않죠.

그렇지만 『삼국유사』에서는 그와는 사뭇 다른 서술을 하고 있습니다. 먼저 "그의 어머니가 서울의 남지南池라는 못 둑에 집을 짓고 홀어미로 살더니 그 못의 용과 관계하여 그를 낳았다. 아명은 서동薯童이니 그의 재능과 도량을 헤아릴 수 없었다. 그는 평소에 마[薯蕷]를 캐어 팔아 생업을 삼았으므로 나라 사람들이 이렇게 이름을 지었다"며 무왕의 신비한 탄생과 어린 시절에 대해 서술합니다. 이어지는 이야기도 기이합니다.

> 그가 신라 진평왕의 셋째 공주 선화善花가 아름답다는 말을 듣고, 머리를 깎고 신라의 서울로 가서 동리 아이들에게 마를 나눠 먹였더니 그와 친해져 따르게 되었다. 이래서 그는 동요를 지어 여러 아이들을 달래어 이를 부르게 하였는데 그 노래는 다음과 같다. "선화공주님은 / 남몰래 정을 통해두고 / 서동방을 / 밤에 몰래 안고 간다."

이 내용들은 『삼국사기』에는 전혀 나오지 않는 이야기입니다. 무왕이 '연못의 용'의 아들이라는 것은 아버지인 법왕이 궁궐 밖에서 얻은 아들임을 은유하는 것이라 쳐도, 그가 어릴 때 마를 캐어 생활했으며 승려의 복장을 하고 적국인 신라의 수도에 가서 허위 사실을 퍼뜨려 신라의 공주를 데려왔다는 믿을 수 없는 이야기를 하는 겁니다. 물론 이 뒤로도 긴 이야기가 더 이어집니다.

결국 이 노래 때문에 선화공주는 궁궐에서 쫓겨나고, 서동과 함께 떠나게 됩니다. 선화공주는 어머니인 왕비로부터 금을 받아 나왔는데, 금덩이를 본 서동은 자신이 마를 캘 때 이런 것들이 많아서 모아놓았다고 합니다. 그래서 백제로 돌아간 서동은 자신이 모아둔 금을 고승의 법력을 빌려 선화공주의 아버지인 진평왕에게 보내 사위로서 인정을 받습니다. 민심을 얻은 서동은 백제의 왕이 되고, 훗날 연못에서 나온 미륵삼존을 만나고 그 자리에 미륵사를 짓습니다. 이 극적인 이야기는 많은 문학작품의 소재가 되기도 했지요.

그렇다면 과연 어느 이야기가 맞을까요? 마를 캐면서 금을 모았다거나 고승의 법력을 빌어 금을 보냈다는 허구적인 이야기는 빼더라도, 역사학자들은 대개 『삼국유사』의 기록을 신뢰하지 않습니다. 이때의 신라와 백제는 치열하게 싸웠기 때문에 일연이 쓴 것처럼 서동이 신라에 가서 공주를 배필로 데려올 수 있는 상황이 아니었다는 겁니다. 그리고 무왕이 집권한 뒤로는 신라에 빼앗긴 영

보수하여 재건된 미륵사지 석탑. 익산의 미륵사는 백제 무왕의 왕비가 주도하여 창건했다는 것이 보수 공사 도중에 발견된 당시 기록으로 밝혀졌다. 하지만 실제로 미륵사를 창건한 왕비는 선화공주가 아니라 백제 귀족인 사택씨의 딸이었다. 『삼국유사』의 내용이 실제 역사적 사실을 어느 정도 담고 있되, 적당히 윤색했다는 것을 짐작할 수 있게 해준다.

미륵사 부근에 위치한 쌍릉(대왕릉과 소왕릉이라는 두 무덤이 가까이 붙어 있어서 쌍릉이라 불린다) 중 대왕릉은 무왕의 무덤으로 추정된다. 무왕과 연이 깊은 미륵사 부근이라는 것과, 7세기 중반에 죽은 노년의 남성이 무덤 주인이라는 분석 결과가 641년인 무왕의 사망 시점과 맞아떨어지는 것이 그 근거다. 그러나 확실한 증거는 아직 없다.

토를 회복하기 위해 전쟁이 더욱 치열해졌는데, 신라의 공주와 결혼을 했다면 그럴 수 없는 일이기도 합니다.

실제로 2009년 미륵사지 석탑의 해체 및 보수 과정에서 '사리봉안기'가 발견되었는데, 거기에는 무왕의 부인이 백제 귀족 '사택씨'의 딸이라고 나와 있습니다. 부인이 여럿이었을 가능성도 있지만, 현재로선 무왕과 신라의 공주가 결혼했다고 볼 증거는 없습니다. 또 무왕에게 이러한 특이사항이 있다면 분명 『삼국사기』에도 기재되었을 공산이 큽니다. 그렇지만 『삼국사기』에는 백제와 신라가 싸운 일들만 여러 차례 기록돼 있지요. 예를 들어 이런 기록이 있습니다.

> 왕이 장군 사걸에게 명해 신라 서쪽 변경의 두 성을 함락시키고, 남녀 3백여 명을 사로잡았다. 왕이 신라가 침탈해간 땅을 회복하고자 하여 크게 군사를 일으켜 웅진으로 나가 주둔하였다. 신라 왕 진평이 이를 듣고 사신을 당에 보내 위급함을 알렸다.

무왕이 선화공주와 결혼해 신라 진평왕의 사위가 되었다면 이런 일이 있기 힘들 겁니다. 그렇다면 왜 일연은 이런 확인되지 않은 이야기를 『삼국유사』에 적었을까요?

무왕과 선화공주는 아니지만, 백제의 왕과 신라의 공주가 결혼한 일은 실제로 있었습니다. 그런 일이 설화가 되어 전해지다가 무왕에 맞게 각색되었을지 모릅니다. 일연은 일생의 거의 대부분을 신라의 영역이던 경상도 지역에서 보냈고, 그 자신도 신라의 후손이었습니다. 일연의 입장에서는 웅장하고 훌륭한 미륵사를 지은 무왕이 신라인과 어떤 관련이 있기를 원했을 수도 있습니다.

한편 『삼국사기』는 역사로서 신뢰성은 있지만, 사실에 충실하다보니 놓친 것도 많을 겁니다. 김부식은 그때까지 남아 있는 문헌들 가운데 진실성이 있는 사실들을 가려내어 실었을 겁니다. 가령 설화가 덧붙여져 신뢰성이 없는 기록들이라면 잘라냈기 쉽습니다. 역사는 상상을 기록하는 것은 아니니까요. 그렇지만 그렇게 많은 것들을 잘라내면 남는 것들은 왕들, 관청과 관료, 전쟁, 외교, 자연현상 등의 기본적인 줄거리뿐입니다. 물론 열전으로 보충을 하기는 하지만, 거기에 사람 사는 세상의 풍부한 내용들을 다 담을 수는 없습니다. 역사에는 결국 사건의 연속만 남는 셈입니다.

그러나 『삼국유사』는 사실이라고 볼 수 없는 황당한 이야기라도, 이를 살려서 기록했습니다. 그래서 서동과 선화공주만이 아니라 수로부인, 처용과 같은 여러 신비로운 이야기들이 실려 있지요. 그 이야기들은 말 그대로의 사실은 아닐지 모르지만, 당시 사람들의 세계관과 마음을 짐작할 수 있게 합니다. 그것이 설사 믿을 수 없고 황당한 이야기일지라도, 그 이야기들은 다른 의미의 진실성을 담고 있는 것이지요. 일연은 공부를 많이 한 승려였기 때문에 아마도 김부식의 『삼국사기』를 읽었을 겁니다. 그리고 사람이 그저 현실과 사실로만 살아가는 게 아니라고 생각했기에, 사람의 숨결이 있는 모든 이야기를 살려내 후대에 전하기 위해 『삼국유사』를 지었을 겁니다. 그리하여 자칫하면 우리가 알 수 없었을 삼국시대 사람들의 마음과 향기가 전해지고 있습니다.

유학과 불교의 세계관

『삼국사기』를 쓴 김부식과 『삼국유사』를 쓴 일연은 둘 다 경주 김씨로 신라인의 후예입니다. 김부식은 무열왕의 후손으로 경주에서 살다, 그의 아버지가 중앙의 벼슬을 하면서 개경으로 올라옵니다. 일연의 일생은 알려지지 않은 부분이 많지만, 지금의 경산에서 태어나 15세에 출가했고 승과에 급제하여 국사國師를 지냈으니 최상층의 승려였음은 틀림없습니다. 둘 다 사회의 높은 계급이었지만, 김부식은 조정의 관리이자 유학자였고 일연은 불가의 승려였다는 것이 두 사람의 가장 큰 차이입니다. 다른 것도 있겠지만 이 점이 『삼국사기』와 『삼국유사』가 달라진 가장 중요한 이유일 겁니다.

흔히 유학은 유교라는 이름의 종교로 여겨지기도 하지만, 실제로는 일반적 종교와는 성격이 다릅니다. 유교가 종교로 분류되는 것은 조상신이 있다고 여기고 제사를 올리기 때문인데, 유교의 조상신은 다른 종교의 신들과는 성격이 현저하게 다릅니다. 아무래도 아버지나 할아버지 또는 그 위의 조상들이기 때문에 후손들은 신을 두려워하지도 않고, 그저 현세에서 자손들이 잘되게 해달라고 부탁만 합니다. 이들이 자손들에게 벌을 내리지는 않습니다.

더군다나 유학은 공자·맹자를 거치면서 종교로서의 역할보다는 사회에서 사람의 관계가 어떠해야 하는가의 문제에 치중했습니다. 부모와 자식의 관계, 임금과 신하의 관계, 관리와 백성의 관계, 친구 사이의 관계, 연장자와 젊은이의 관계 등을 어떻게 해야 하며, 나라의 통치가 어떻게 이루어져야 하는가 하는 문제에 치중해 정치 원리에 가깝게 변화했지요. 그래서 유학에서는 예의와 윤리, 정부의 조직, 임금과 신하, 가정과 사회의 질서, 조세와 산업과 같은 현실의 실질적 문제 해결에 관심을 둡니다. 유학에서 가장 중요하게 여기는 세 경전은 『시경』, 『서경』, 『역경』인데, 이것이 각기 문학과 역사, 세상의 이치를 대표하는 책이라 보면 됩니다. 이 중 『서경』이 대표하는 역사는 통치를 올바로 하기 위해서 과거를 돌아보고 교훈을 얻는 것이 목적입니다.

그러나 불교의 세계관은 다릅니다. 불교에서는 우리가 사는 현세만이 세상의 전부가 아닙니다. 죽은 다음에도 내세가 있고, 지금의 삶이 끝나도 내세에 다시 태어나게 되죠. 그래서 현실을 대하는 태도가 그리 적극적이지 않고, 또 누구를 다스리거나 계도하는 것보다는 스스로를 깨우치는 데 주력합니다. 게다가 불교를 창시한 석가모니나 여러 고승들의 전기와 가르침에도 여러 신비로운 설화들이 가득합니다. 부처가 되기 위한 깨달음은 대체로 이야기로 풀어서 설명되었고, 그 안에서 교훈과 깨달음을 얻을 수 있도록 스토리가 있는 것이 많습니다. 그리고 그 스토리는 초자연적인 내용을 담고 있기 마련입니다. 종교란 눈에 보이는 것을 넘어서는 진리를 추구하기 때문이죠. 동물이 말을 하고, 죽은 자가 다시 살아나는 것 같은 일들도 불교의 세계관에서는 당연한 일입니다.

『삼국사기』와 『삼국유사』에는 저자들 간의 이런 차이가 뚜렷하게 드러납니다. 김부식은 『삼국사기』를 유학적 관점의 역사에 맞도록 기록들을 추려서 썼습니다. 고려는 분명 불교가 국교였지만 국가의 운영과 행정은 유학에 바탕을 두었고, 김부식은 그런 국가 운영에 앞장선 관리였습니다. 그 또한 나중엔 절을 지을 정도로 깊은 불심을 가지게 되었지만, 그것은 인생의 회의를 겪은 후 노년의 일이었을 뿐 『삼국사기』를 쓸 때는 유학자의 입장에서 통치의 교훈이 될 만한 일들을 중심으로 역사를 서술하고 원인과 결과의 관계를 중시했지요.

반면 승려인 일연은 『삼국사기』의 서술 방식에 만족하지 못했을 겁니다. 그로서는 불교의 입장에서 쓴 역사서가 필요했을 것이고, 그것이 만년에 역사책을 쓰겠다는 결심으로 이어졌을 겁니다. 그렇게 해서 나온 『삼국유사』가 불교의 세계관에 기댄 역사서였음은 분명하지요.

김부식의 『삼국사기』에 불교 관련 조항이 전혀 없는 것은 아니지만, 그 시절 불교의 중요성에 비하면 분량이 상당히 적습니다. 대개 6세기 신라 법흥왕·진흥왕·진평왕 시기 기록에 몇몇 사실을 기재한 정도이고, 백제는 성왕과 법왕 시기에 몇 구절 다뤘을 뿐입니다. 법法과 진眞과 같은 불교 용어가 왕의 시호에까지 쓰이는 등 불교가 삼국의 발전 과정에서 상당히 중요한 역할을 했음에도 불교에 대한 기록은 너무 적은 것이죠. 김부식이 유학자였기 때문인지 『삼국사기』가 불교를 소홀히 하고 있는 건 사실입니다. 아마 이런 것도 일연에게는 납득할 수 없는 일이었겠죠.

유학과 불교는 삼국시대에 중국에서 들어온 새로운 문물이었습니다. 불교는 기존 토속 종교를 대신했고, 유학은 정치제도와 생활윤리의 역할을 했습니다. 중국과 삼국과의 관계가 밀접해지면서 이 둘이 급격하게 수용되었죠. 불교는 샤머니즘이나 애니미즘과 같은 자생하던 종교와 대립각을 세우기보다는 이를 수용하면서 비교적 순탄하게 받아들여졌습니다. 다만 지리적인 여건 때문에 고구려와 백제가 먼저 받아들이고, 신라는 시기가 좀 늦었습니다.

유학 역시 한나라 초기부터 나라의 통치 이념으로 자리잡으면서 주변의 나라로 퍼져나갔습니다. 더군다나 유학의 가르침은 실용적이고 일상적인 규범이 기초였기 때문에 이를 받아들이는 데 저항은 거의 없었습니다. 게다가 유학은 국가가 정부 조직을 꾸리며 통치하는 데 유용했으며, 글과 기록을 통해 지식의 깊이를 쌓는 데도 도움이 되었습니다.

고려에 들어와서도 일반적으로 종교의 역할은 불교가 맡았고, 윤리와 통치에 관한 역할은 유학이 맡았습니다. 승려들은 왕이나 호족과 밀접한 관련을 맺기는 했지만 직접 정치에 참여하는 일은 그리 많지 않았죠. 한편 과거제가 도입이 되어 관리들은 점점 더 유학과 밀접해지게 되었습니다. 김부식은 그런 관리 가운데 대표적인 유학자입니다. 더군다나 그는 개경에서 평양으로의 천도를 추진했던 승려 묘청의 난을 진압한 책임자였습니다. '묘청의 난'에서 나타난 대립은 여럿이었지만, 그 가운데는 '유학 관리'와 '불교 승려'의 대결 구도도 분명 있었습니다.

그러니 김부식의 『삼국사기』에서 불교 관련 기록들이 거의 나오지 않는 이유를 짐작할 수 있습니다. 김부식은 유학의 전범에 따라 사료들을 선택했기에 불교에 관한 내용은 모두 뺐던 것이죠. 물론 신라에서 법흥왕 이후에 불교가 국교가 되고 불교 의례를 국가적인 행사로 치르는 것 같은 내용은 들어갔지만, 특별히 불교를 중시하는 서술은 없습니다.

일연은 반대로 삼국의 역사를 불교 중심의 역사로 서술하고자 했을 겁니다. 이를 위해 오랜 기간 여러 기록과 책들을 읽고 말년에 자신의 관점으로 엮어냈겠지요. 아마도 신화와 설화가 풍부한 것도 불교 경전에서 신비한 이야기가 많이 나오는 것처럼, 이 땅이 부처의 나라로 예정된 곳이었기 때문이라고 에둘러 이야기하는 느낌입니다. 신라가 삼국을 통일한 것은 불교에 대한 열의가 지극했기 때문이라는 관점도 엿보입니다.

일연과 김부식 사이의 또 한 가지 차이는 살았던 시대의 상황입니다. 김부식은 고려의 전성기에 살았습니다. 안으로는 내란과 세력 다툼이 있었지만, 성년기의 힘이 센 고려였기에 나라가 위엄이 있고 든든했습니다. 그러나 일연이 살던 시기의 고려는 원나라의 침입을 받았고, 고려의 왕은 원나라 황제의 신하가 되었지요. 나라의 자존심이 짓밟혔으니, 무언가 자존심을 살리고 기를 돋울 수 있는 것이 필요했습니다. 그래서 단군신화나 고구려·백제·신라·가야 옛 왕조의 설화들이 필요했을 겁니다. 그리고 그런 설화들이 '부처님의 나라'를 예지하는 것으로 여겨져 현실에서 온갖 어려움을 극복하고 빛나는 고려가 되기를 바랐을 겁니다. 그것이 『삼국사기』와 『삼국유사』의 또 다른 차이입니다.

같은 김유신의 다른 이야기

삼국의 역사에서 정점은 뭐니 뭐니 해도 삼국의 통일일 겁니다. 서로 전쟁을 벌이고, 또 외교 동맹을 맺어 견제하면서 경쟁하다 결국 신라가 당나라의 도움을 얻어 통일을 이루지요. 이 통일에 관해서는 이야기도 많고 난세의 영웅도 나타납니다. 고구려의 연개소문은 강대한 당나라의 군대도 맞아 싸우고, 백제의 계백 장군은 적은 군대로 최후까지 싸워 불후의 명장으로 이름을 남깁니다. 의자왕의 삼천 궁녀가 낙화암에서 떨어졌다는 이야기는 망국의 설움을 보여주죠.

삼국 통일에서 가장 대표적인 핵심 인물은 신라의 김유신과 김춘추입니다. 이 둘은, 한반도에서 가장 오른쪽에 처져 있어 중국 문물을 수용하는 데 어려웠고 산이 많아 국력도 가장 빈한했던 신라가 삼국을 통일하는 데 근본적인 힘을 제공했기 때문이죠. 김춘추는 왕으로서 당나라와 동맹을 맺고 백제와 고구려를 치는 데 도움을 받고, 김유신은 장군으로서 신라의 군대를 이끌고 통일전쟁에 나섰죠. 이 이야기가 두 역사책의 하이라이트임은 분명합니다.

김유신은 『삼국사기』의 「열전」에서 첫번째로 나오는 인물입니다. 더군다나 그 기록도 아주 길어서 3권을 차지할 정도죠. 개인으로서는 왕들보다도 더 많은 분량으로 다루고 있습니다. 김부식이 김유신을 삼국 역사의 주인공으로 생각했다는 생각이 들 정도입니다. 반면 『삼국유사』에서 김유신을 다루는 부분은 그리 길지 않습니다. 김춘추를 이야기할 때도 김유신에 대한 언급을 하긴 하지만, 그래도 『삼국사기』에 비하면 적습니다. 김유신을 다루고 있는 분량과 내용의 차이를 통해서 『삼국사기』와 『삼국유사』, 김부식과 일연의 차이를 볼 수 있습니다.

『삼국사기』와 『삼국유사』 모두 김유신을 대단한 인물로 보는 것은 동일합니다. 김부식은 역사 서술에서 괴이하고 비현실적인 일들은 빼려 했지만 김유신에 대해서는 예외였습니다. 김유신의 어머니(이름은 만명)가 그를 잉태할 때 아버지 서현은 화성과 금성이 자신에게로 내려오는 꿈을 꾸었고, 어머니 역시 "꿈속에서 금빛 갑옷을 입은 동자가 구름을 타고 집 안으로 들어오는 것"을 보았다고 합니다. 그리고는 스무 달이 지나서야 김유신을 낳았다고 기록하고 있지요. 태몽이야 그렇다 쳐도 임신 기간이 스무 달이라는 건 현대 의학으로는 이해할 수 없는 일입니다. 사실상 이건 비현실적인 설화에 가깝죠.

『삼국유사』도 김유신에 관한 신묘한 일들을 서술하고 있습니다. 김유신이 "해와 달과 별들의 정기를 타고났으므로 등에 7성星의 무늬가 있고, 또 신기하고 이상한 일이 많았다"는 겁니다. 또 그가 고구려의 첩자에게 속아 고구려로 납치당할 위기에 처했을 때 신라를 지키는 세 신령이 도와준 일도 나와 있죠. 김부식과 일연은 둘 다 김유신의 위대함을 인정했기에 이런 설화적인 이야기를 책에 넣었을 겁니다.

그렇지만 김부식은 이런 신비로운 이야기는 김유신의 위대성을 장식하는 정도로만 언급하며, 주된 내용은 김유신이 통일 과정에서 세운 공적들로 채웁니다. 전쟁에 나가서 어떻게 승리했으며, 나라를 지키고 왕을 보필하는 데 얼마나 노력했는지에 대한 이야기들이죠. 곧 신하로서의 역할에 대한 이야기들입니다. 아마도 김부식은 유학자다운 시각에서, 김유신을 훌륭한 신하의 표본으로 보고 후세 사람들이 그처럼 왕과 나라에 충성하기를 바라는 마음이었던 것 같습니다.

반면 일연은 김유신의 공적에 대해서는 거의 언급하지 않습니다. 오히려 김유신의 행적을 불교적 관점에서 해석하는 부분이 있어 흥미롭습니다. 앞서 김유신이 고구려 첩자의 꾀임에 넘어갈 뻔한 일을 이야기했습니다. 김유신은 세 신령의 도움으로 위기를 넘긴 뒤 첩자를 붙잡아 왜 자신을 노렸는지 심문합니다. 그랬더니 그 첩자는 "신라의 유신은 우리나라의 점치는 술객 추남楸南이 환생"한 것이었다며 자초지종을 털어놓습니다. 추남이란 점쟁이가 고구려 왕비의 노여움을 받아 억울하게 죽었는데, 죽기 전에 "내가 죽은 후에는 바라건대 대장이 되어 반드시 고구려를 멸망시킬 것이다"는 말을 남겼다는 겁니다. 그리고 고구려 왕이 꿈에서 추남이 신라에서 김유신 어머니 뱃속으로 들어가는 것을 봤기에 추남의 환생이 김유신이라는 걸 알게 된 것이죠. 결국 고구려인들은 김유신이 훗날 고구려를 멸망시킬 것을 알고서, 그것을 막고자 첩자를 보낸 겁니다.

그런데 이런 설화의 내용에 따르면, 김유신이 고구려를 쳐서 삼국을 통일시킨 건 억울하게 죽은 전생의 일이 이어진 결과입니다. 고구려도 과거에 죄 없는 점쟁이를 죽인 일이 멸망의 씨앗이 된 셈이죠. 전생의 원한이나 은덕이 다음 생에 영향을 미친다는 불교의 가르침이 이런 부분에서 엿보입니다.

『삼국사기』에는 당연하게도 이 이야기가 없습니다. 하지만 김춘추가 백제를 치기 위해 군대를 얻으러 고구려에 갔다 잡힌 이야기를 통해 어떤 사건을 해석하는 두 책의 다른 태도를 확인해볼 수 있습니다. 고구려의 왕은 김춘추에게 신라가 빼어간 땅을 돌려 달라 요구하며, 그를 감옥에 가둡니다. 어떻게 해야 할지 고민하고 있는 김춘추에게 이전에 환심을 사둔, 고구려 신하 도해가 '용궁에 간 토끼와 거북이의 이야기'를 들려줍니다. 용왕의 병을 고치는 특효약인 토끼 간을 얻으러 거북이가 토끼를 꾀어오는 그 이야기죠. 곧 일단 거짓말이라도 요구를 수락해서 빠져나가고, 나가서 훗날을 도모하라는 암시입니다. 김춘추는 고구려 왕에게 신라의 왕을 설득하겠다고 하고서 풀려납니다.

두 이야기에서 김유신과 김춘추가 고구려에게 위협받았다는 점은 같지만, 그 원인이나 해결 방안은 완전히 다르지요. 하나는 전생의 일이 원인이지만, 다른 하나는 신라가 빼어간 땅 때문입니다. 김유신이 신령들의 도움으로 위기에서 벗어난 반면, 김춘추는 미리 친분을 맺어둔 고구려 신하의 도움으로 벗어났습니다. 하나는 황당한 설화 같고, 다른 하나는 현실적으로 있을 법한 이야기입니다. 『삼국사기』는 합리적으로 생각할 수 있는 원인과 결과에 따른 이야기고, 『삼국유사』는 불교에서 말하는 업보와 인연을 중점적으로 서술한 거지요. 김부식은 역사에서 현재에 필요한 교훈을 얻기를 원했고, 일연은 종교적 깨달음을 추구했다고 할 수 있을 것 같습니다.

마지막으로 『삼국사기』와 『삼국유사』에 모두 다 소개되는 설화를 한 가지 살펴보지요. 대중매체에서도 자주 다루어진 김유신의 누이동생과 김춘추의 혼인 이야기입니다. 어느 날 김유신과 김춘추가 김유신의 집 근처에서 공놀이를 했는데 김유신이 김춘추의 옷을 밟아 옷고름이 찢어집니다. 그러자 김유신은 자신의 집에 데려가 큰누이동생인 보희에게 바느질을 하라고 시키죠. 하지만 보희는 거절하고 그 밑의 동생인 문희가 이 일을 합니다. 이것을 인연으로 김춘추와 문희가 사귀게 되고, 혼인까지 해 문희는 왕비가 됩니다. 이 이야기의 기본 구조는 『삼국사기』와 『삼국유사』가 동일합니다. 그러니까 실제로 있었던 일일 가능성도 높지요.

그런데 두 책의 서술에는 중요한 차이가 있습니다. 『삼국사기』는 김춘수가 문희를 보고 반해 청혼하는 것으로 이야기가 끝나는 반면 『삼국유사』에는 그 뒤에도 흥미로운 이야기가 이어집니다. 김춘추와 문희가 가까워져 사귀다가 문희가 임신을 하게 됩니다. 그러자 김유신은 혼인 전에 부모의 허락을 받지 않고 임신을 했다며 문희를 화형시키려 하죠. 이 소동을 왕이 알고서 김춘추에게 문희의 목숨을 구하라 명령하여 결국 김춘추와 문희가 혼인하게 됩니다.

왜 이런 이야기가 『삼국유사』에는 있는데, 『삼국사기』에는 빠졌을까요? 일연이 없던 이야기를 만들어 넣지는 않았을 겁니다. 실제로 있던 일이든 아니든, 전해져 내려오는 이야기였던 건 분명해 보입니다. 하지만 김부식은 그 이야기를 담지 않았고, 거기엔 이유가 있을 겁니다.

먼저 왕이 여자와 혼인하지 않고 관계를 가져 아이를 갖게 했다는 것을 불경스럽게 여겨서 뺐을 수 있습니다. 더욱이 김춘추와 문희의 자식은 삼국통일을 완성한 문무왕이 되는데, 그런 훌륭한 왕의 출생 과정이 좀 남부끄러웠다면 감추는 것도 필요했겠지요. 또 한 가지 이유로 김유신이 이 두 사람을 정략적인 목적으로 결합시키려 했다는 뉘앙스를 빼고 싶었던 것도 같습니다. 사실 이 후반부 이야기를 가만히 보면, 김유신이 일부러 동생을 불태우려는 '쇼'를 해서 김춘추에게 혼인을 압박했다는 의심도 들거든요.

두 사람의 만남에 대한 전반부의 서술도 『삼국사기』와 『삼국유사』가 미묘하게 다릅니다. 예를 들어 『삼국사기』에는 김유신이 "그만 춘추의 옷고름을 밟아 떼내고 말았다"며 그 일이 사고였던 것처럼 서술돼 있는데, 『삼국유사』에는 "일부러 춘추공의 옷자락을 밟아 옷끈을 떼었다"며 계획한 일로 적고 있지요. 또 『삼국유사』에는 공놀이를 한 장소도 김유신의 집 앞이라고 명시돼 있습니다. 다시 말해 『삼국유사』에는 김유신이 왕이 될 가능성이 높은 김춘추와 인척 관계가 되기 위해 계획적으로 집 앞에서 공놀이를 하다 옷을 찢고서 여동생을 부른 것으로 서술돼 있는 것입니다. 김부식은 유학자로서 왕과 신하가 충의忠義에 기반하지 않고 이런 정략적인 관계를 맺는 내용을 원치 않았기에 달리 서술한 게 아닌가 생각해 봅니다.

어떤 역사가 중요한가

이렇듯 『삼국사기』와 『삼국유사』는 같은 시대를 다른 눈으로 보고 있습니다. 곧 유가적 시선과 불교적 시선이지요. 김부식이 합리적이고 이성적인 역사를 피력하려 했다면, 일연은 신비하고 정감 있는 역사를 원한 것 같습니다. 『삼국사기』가 고전적인 역사서의 형식을 갖추려 했다면, 『삼국유사』는 새로운 형식으로 새로운 내용을 담고 있지요.

김부식은 유학자로 근엄한 판단력을 지니고, 그때까지 전해진 역사서들에서 정식 역사에 들어갈 항목들을 추려냈을 겁니다. 그 일은 전대의 역사를 정리하는 공식적인 작업이었고, 더군다나 왕의 지엄한 명이었죠. 그러니 유학자 입장에서 황당하거나, 사실이 아닌 내용이라 생각되면 가차 없이 덜어낸 것 같습니다. 지금은 김부식과 일연이 참고한 책들이 없어서 대조해볼 수는 없지만, 둘이 책에 기록해놓은 사실만 보더라도 이는 쉽게 짐작할 수 있습니다.

일연이 가진 자료가 김부식이 손에 넣을 수 있던 것보다는 훨씬 적었을 겁니다. 김부식은 국가의 지원을 받았지만, 일연은 개인의 작업이었기 때문이죠. 또 시대도 더 나중이고, 지역적인 한계도 있었을 겁니다. 이것이 『삼국유사』가 『삼국사기』보다 상당히 오류가 많은 원인이기도 할 겁니다. 그렇지만 『삼국유사』에는 『삼국사기』가 담지 않은 귀중한 내용이 많습니다. 일연도 애초에 잃어버린 진실이 너무 많다고 생각했기에 김부식이 적지 않은 것에 더 집중했을 수 있지요.

『삼국유사』를 완전한 역사책으로 보기는 힘들겠지만, 『삼국사기』에서 다루지 않은 신화와 설화, 특히 시가詩歌들은 더욱 풍부하게 담겼습니다. 지금 남아서 전해지는 삼국시대의 향가는 모두 『삼국유사』에 수록돼 있는 것이지요. 신화와 설화가 그 당시의 사고방식이나 생활 관념을 담고 있는 귀중한 자료라면, 문학적 성취를 담은 시가는 더 말할 나위가 없겠지요. 일연이 아쉬워한 것은 불교적 색채가 사라진 역사였겠지만, 그것을 복원하는 과정에서 다른 귀중한 것들도 다시 살려낸 셈입니다.

이렇게 『삼국사기』와 『삼국유사』는 서로 대립적인 역사 인식을 바탕으로 하고 있지만, 각자의 관점을 유지했기에 둘 다 소중한 지식 유산이 될 수 있었습니다. 아마도 『삼국사기』만 있었거나, 또는 『삼국유사』만 있었더라면 고구려·백제·신라의 역사(그리고 다른 고대사도)는 무언가 허전한 과거가 되었겠지요. 이 두 책은 완역본이 모두 나와 있지만, 문체도 옛날 투에다 모르는 사실도 많아 쉽게 읽히는 건 아닙니다. 그렇지만 읽다 보면 어디선가 들어봤던 이야기라는 생각이 종종 들게 될 겁니다. 두 책의 내용들 일부가 우리가 어린 시절부터 읽던 전래동화로 각색되기도 했고, 또 문학·영화·드라마들에서 소재로 자주 활용되었으니까요. 한국 사람이라면 반드시 읽어야 할 문화적 진수들이 이 두 책에 녹아 있는 것이지요. 그런 부분들을 발견하는 재미도 두 책을 읽는 묘미 중 하나가 아닐까 합니다.

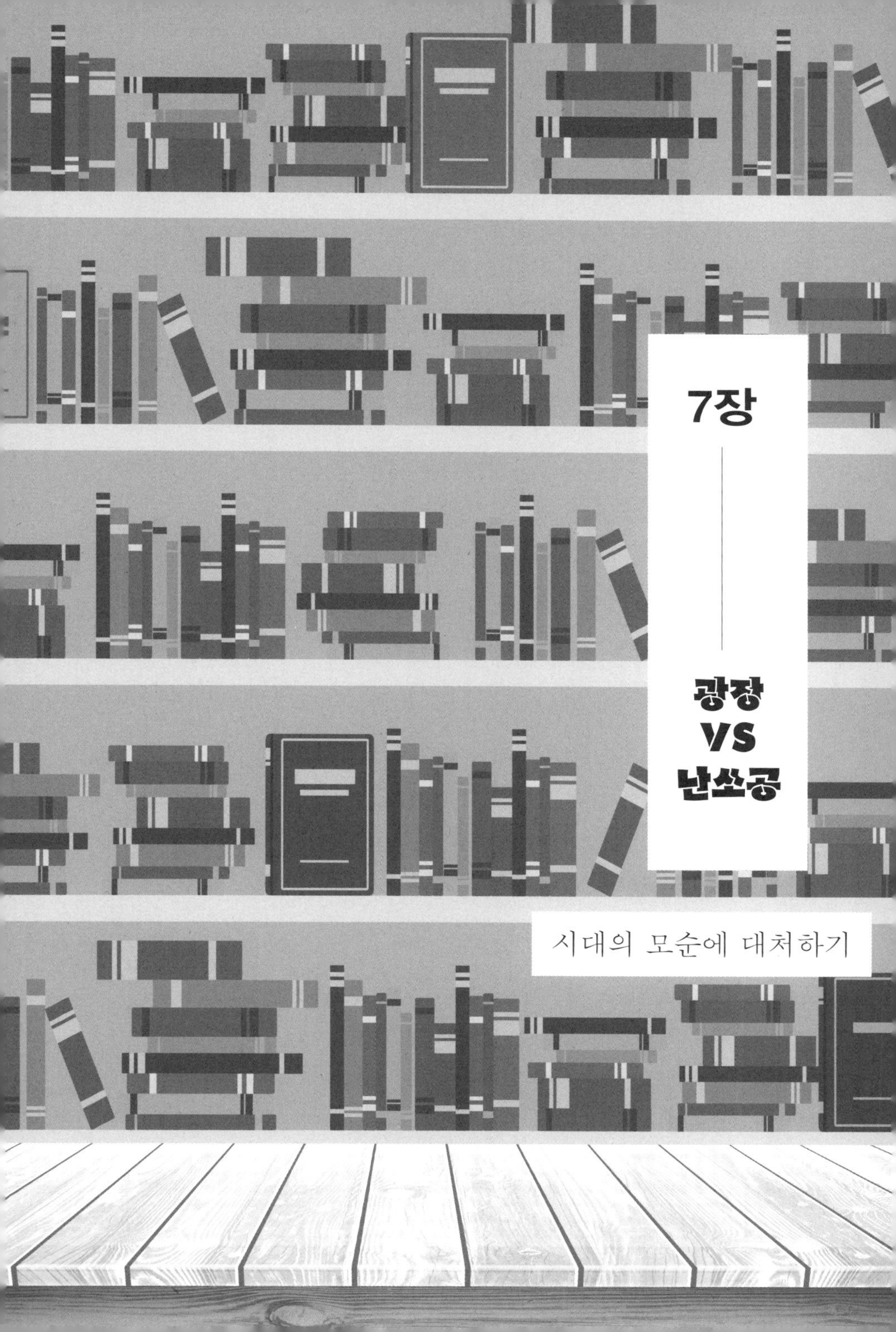

7장

광장 VS 난쏘공

시대의 모순에 대처하기

시대의 모순에 대처하기

고통과 광기의 시대를 그리다

우리나라 현대사는 험난했습니다. 일본 제국주의에 나라를 잃고 40년 넘게 지배당한 우리나라는 제2차 세계대전으로 독립했지만, 곧바로 미군과 소련군에 의해 분단 통치되고 말았습니다. 역사의 변환점에서 분단된 남과 북은 자본주의와 공산주의 냉전의 최전선에 놓여 있다가 참혹한 전쟁이라는 비극을 맞이합니다. 동족상잔의 전쟁은 다른 나라의 군대까지 참전하는 가운데 비극으로 치달았지요. 그런 역사의 수레바퀴 아래서 이 땅에 사는 한 개인, 인간은 이루 말할 수 없는 고통을 겪어야 했으며, 그것이 그들에게 씻을 수 없는 상처를 남겼습니다.

한국전쟁이 끝나고 폐허가 된 땅에서 남과 북은 재건의 길을 재촉했습니다. 자신들 체제의 우월을 입증하기 위해 채찍질을 하듯 발전에 '올인'했지요. 그 결과 남한에서는 개발독재가 나타났습니다. 쿠데타로 들어선 군사정권은 정권 안정을 위해, 그리고 체제 경쟁에서 승리하기 위해 개인의 희생을 무릅쓰며 경제발전을 추구했습니다.(북한에서도 비슷하게 김일성의 우상화와 독재가 나타납니다.) 급격한 산업화가 이루어졌지만, 그것은 노동자에 대한 착취를 동반한 것이었죠. 경제가 성장하면서 큰 자본을 모은 재벌과 기업가가 등장했고, 가난에 시달리는 최하층 노동자들이 그 밑에 깔린 채 떠받치고 있었습니다. 박정희 시대의 도시에는 이렇게 서로 다른 계층 사람들이 공존하고 있었지요.

해방과 분단에서부터 시작된 좌·우 이념의 대립은 참혹한 전쟁을 겪고도 해결되지 못했습니다. 그리고 그것은 지금까지도 남과 북이 갈라서서 대치하고 있는 현실로 나타납니다. 군부독재와 개발 위주의 정책은 지금도 논란거리입니다. 어떤 이들은 그래도 경제발전이 지금의 부유한 세상을 만들었다 하고, 또 다른 사람들은 그 때문에 많은 사람들의 인권이 무참하게 짓밟혔으며 빈부격차와 노동 착취 같은 부작용이 여태까지 지속된다고 하지요. 여기에서 다루려는 두 소설을 관통하고 있는 이념 대립(『광장』)과 계급 갈등(『난장이가 쏘아올린 작은 공』)의 모순들은 수십 년이 지난 지금까지도 여전히 우리 현실에 존재하는 문제입니다. 그러기에 여전히 이 두 소설은 현재적입니다.

두 소설이 이런 주제를 다루는 것은, 본래 문학의 관심은 인간이고 억압의 수레바퀴 아래서 고통 받고 신음하는 개인의 아픔을 외면할 수 없기 때문입니다. 해방 이후 역사의 소용돌이 속에서 힘없는 개인은 잊혀버리고 방치될 수밖에 없었지만, 문학은 이들의 고통을 기록해야 할 의무가 있습니다. 개인이 한 사회와 국가의 부속품은 아닙니다. 이 세상의 풍파에 개인이 무참하게 희생되는 것은 개인의 가치가 떨어져서가 아니라 단지 무력하기 때문입니다. 문학은 개인의 정서를 통해 예술적 표현에 다가가기에 전체 사회보다 개인의 아픔을 더 중요하게 여기지요.

최인훈의 『광장』과 조세희의 『난장이가 쏘아올린 작은 공』(이하 『난쏘공』)은 서로 다른 시대의 서로 다른 개인에게 초점을 맞추고 있는 작품입니다. 1961년 발표된 『광장』은 해방 이후 이념 대립이 격화되어가던 남북한 사회에 적응하지 못하고 튕겨 나간 이명준이란 한 개인에게 초점을 맞추고 있습니다. 『난쏘공』은 70년대 개발독재가 극성을 부리던 시절의 어느 가족과 그 주변 인물들에 초점을 맞추고 있죠.

이 둘 사이에 그저 시간만 다르지는 않습니다. 개인에게 주어진 환경도 다르고, 부딪치는 문제도 다릅니다. 전자가 어느 쪽도 선택할 수 없는 두 체제와 그 사회의 모순에 대한 이야기라면, 후자는 이미 고착되어가는 계급 구조 아래에서 어찌할 수 없는 하층민의 비애와 불평등의 모순을 다룹니다. 두 작품 모두 사회에서 소외될 수밖에 없는 개인을 다루는 점은 같지만, 그 인물들이 처해 있는 사회 상황에는 많은 차이가 있지요.

그 두 사회의 공통점은 사회의 지배적 세력이 약자에게 가하는 가혹한 폭력입니다. 한낱 미미한 존재인 개인은 그 폭력을 이겨낼 힘이 없습니다. 이들에게 남은 선택은 그 사회에서 도망가거나, 그 사회를 거부하는 것입니다. 왜 사회에 순응하는 길을 선택하지 않았는가 하고 반문할 수는 없습니다. 사회의 필요에 따라 변화하고 적응할 수 있는 개인도 있지만, 그렇게 할 수 없는 사람도 있기 마련입니다. 또 사람마다 누구에게든 자율성과 다양성이 존재한다는 건 당연한 일입니다. 그러나 여전히 누구든 『광장』의 이명준이나 『난쏘공』의 난장이 가족과 같은 처지가 될 수 있지요. 한 개인이 비슷한 이유로 전체 사회로부터 배척되지 않으리라는 보장은 없지요.

이 두 작품은 오랫동안 많은 사람들이 읽었으며, 특히 학생들은 한국 문학을 대표하는 작품으로 알고 있습니다. 그렇지만 당대의 시대상을 잘 모르는 젊은이들이라면 이 책이 왜 대표작으로 꼽히는지 모를 수도 있습니다. 그저 시험을 보기 위해 겉핥기로 이 작품을 읽었을 수도 있다는 것이죠. 『광장』은 1961년에 처음 출간되었고, 『난쏘공』은 1978년에 처음 책으로 나왔습니다. 시간이 흘러도 사람들은 계속 이 소설들을 읽었으며, 이 두 책은 한국 문학

작품 중 가장 많이 팔린 책의 하나로 자리매김하고 있습니다. 그만큼 이 소설들이 지닌 시대적 상징성이 뚜렷하다는 의미겠지요. 그럼 두 소설이 다루고 있는 격랑의 시대 속으로 들어가 보겠습니다.

이념의 시대, 폭력의 시대

『광장』의 시대는 식민지에서 해방되었지만 미국과 소련이란 외세의 개입으로 한반도가 분단된 상황에서 출발합니다. 북한의 공산주의나 남한의 자본주의나 우리에게 낯설기는 마찬가지였습니다. 스스로 원해서 택한 것이 아니라, 외부에서 주입된 것에 더 가깝지요. 그렇지만 남북의 이념 대립은 그 정체도 드러내지 않는 채로 점점 더 거세집니다. 남한 정부는 좌익 성향을 지닌 사람들을 탄압했고, 북한 정부는 지주와 자본가의 재산을 몰수하고 박해했죠. 상대방에 대한 테러까지 자행하는 등 이념을 가지고 서로 싸우며 인간성을 상실해갑니다.

『광장』의 주인공인 이명준은 월북한 아버지의 행방을 알지 못한 채 아버지 친구인 은행장 변성제의 집에 얹혀살고 있는 철학과 대학생입니다. 그의 아버지는 일제시기에 사회주의 계열 활동을 했는데, 광복되던 해에 가족을 남쪽에 남기고 북으로 떠났다고 나오지요. 실제로 광복 이후 공산주의가 더 낫다고 생각해서나 남한

정권에 대한 불만으로 북한을 택한 이들이 꽤 있었습니다. 남조선 노동당을 이끈 박헌영이나 의열단 단장이었던 김원봉이 대표적인 인물이죠.

이명준에게 딱히 특별한 정치성향이 있던 건 아닙니다. 다만 그는 철학을 공부하는 학생답게 삶에서 뭔가 의미 있는 걸 추구하며 살고 싶어 하죠. "갈빗대가 버그러지도록 뿌듯한 보람을 품고 살고 싶다"는 게 그의 소망이지요. 하지만 "한국 정치의 광장에는 똥오줌에 쓰레기만 더미로 쌓였"기에 그런 것을 찾지 못하고 있습니다. 여기서 말하는 '광장'이란 사회의 구성원들이 함께 가꾸는 공간을 뜻하는 걸로 볼 수 있습니다. 그렇지만 남한의 광장은 약탈당하고 오염됐으며, 사람들이 아끼는 건 "자기의 방, 밀실뿐"이라는 게 이명준의 생각이죠.

그런데 이명준의 남한에서의 삶이 무너지는 일이 일어납니다. 북한에서 높은 지위에 오른 아버지가 대남방송에 나오면서 이명준이 경찰의 수사대상이 된 것이죠. 경찰은 이명준에게 "네 애비 소식"을 듣느냐며 "수사에 협력"하라고, "나라에 대한 의무를 지키"라고 고문에 가까운 취조를 합니다. 잔인한 폭행과 모욕을 당하죠. 지금은 상상하기 힘든 일이지만 당시는 월북한 가족이 있다는 것만으로 공적·사적으로 핍박을 당하곤 했습니다.(반대로 북한에서는 월남한 이의 가족을 핍박했지요.) 사실상의 연좌제가 존재해서, 1980년대까지만 해도 월북한 또는 납북된 사람의 가족은 공무

원이 될 수 없었고, 해외로 나가는 데도 제약을 받았습니다. 지금도 북한과 가까운 이들에게 고운 시선이 가지 않고 암암리에 압박도 있다는 걸 생각하면, 이념 대립이 격화되던 『광장』의 시대에 북한 고위 인사의 아들이 어떤 폭압을 겪었을지 상상해볼 수 있을 겁니다.

이명준은 남한에 사람들이 함께 가꾸어가는 광장은 없을지라도, 자신을 지킬 수 있는 밀실은 있는 줄 알았는데 그것이 착각이었다는 것을 깨닫습니다. "그렇게 튼튼하리라고 믿었던 나의 문이 노크도 없이 무례하게 젖혀지고, 흙발로 들이닥친 불한당이 그를 함부로 때렸다. 내 방인데." 마지막으로 그는 사귀던 윤애라는 여성을 찾아가 그녀에게서 자신만의 밀실이라도 찾고자 하지만 그녀는 그를 끝내 이해하지 못했고, 이명준은 결국 북쪽으로 밀항하지요.

북에서 그는 "때 묻지 않은 새로운 광장"을 만나기를 기대합니다. 혁명의 이상을 추구하고 가난과 억압이 없는 국가를 건설하려는 열정이 가득한 그런 나라를 말이죠. 그러나 그가 만난 건 "잿빛 공화국"일 뿐이었습니다. "혁명이 아니고 혁명의 흉내"만 있었습니다. 아버지와 만나 해후를 하지만, 아버지도 이미 혁명가의 모습은 사라졌고, 그 사회에서 허용된 범위에서 당 방침을 따르는 관료가 되어 있을 뿐입니다. 얼마 지나지 않아 이명준도 곧 아버지와 마찬가지로 당의 상부에서 정한 지침을 그대로 따를 수밖에 없는 처지로 변합니다.

북한의 '광장'에는 개인이 없었습니다. 오직 '당'이 주인공이었죠. 당은 '개인주의적 정신'을 버릴 것을 요구하고, "'당'이 생각하고 판단하고 느끼"는 대로 복창할 것을 명령합니다. "광장에는 꼭두각시뿐 사람은 없었"습니다. 이명준은 기자로 일하며 당의 방침과 다른 목소리를 냈다고 자아비판을 강요당하기도 합니다. 그는 "빌자. 덮어놓고 잘못을 저질렀다고 하자"고 체념하며, 당이 바라는 대로 하겠다고 할 수밖에 없었죠. 결국 북에도 그가 바라던 광장은 없던 것입니다.

『광장』의 시대에는 이념적 대립이 격화되며 개인을 억압했습니다. 이명준은 남한에서는 아버지가 북한에 있다는 이유로 폭력의 대상이 됐지요. 북한에서는 '당'에 반하는 어떠한 의견도 용납되지 않았죠. 실제 역사에서도 이런 모순에 희생당한 사람은 한둘이 아니었습니다. 연구자들은 6·25전쟁이 일어나기 전까지 북한에서 남한으로 내려온 사람은 약 30~40만 명, 남한에서 북한으로 간 사람은 10만 명 정도로 추산하고 있습니다. 단순히 원래 살던 고향을 찾아간 경우도 있겠지만, 이념 대립의 광풍에 내몰린 이들이 많았을 겁니다. 이 모순의 가장 극단적인 형태가 6·25전쟁이었지요. 대다수 사람들은 각 진영이 내세운 이념이 뭔지도 확실히 알지 못했지만, 수많은 인명이 희생되어야 했습니다. 3년의 전쟁 동안 3000만 인구 가운데 150만 명이 목숨을 잃었으며, 360만 명이 부상을 당한 걸로 추산됩니다.

이명준도 전쟁에 참전할 수밖에 없었습니다. 전쟁통에 그는 북에서 만나 사랑하게 된 은혜와 둘만의 행복한 시간을 보내기도 하지만, 결국 은혜가 전사하고 맙니다. 그로서는 삶에 대한 마지막 희망마저 잃은 것이죠. 이명준은 포로가 되었으며, 전쟁이 끝나고 남이나 북 중 어느 곳에 갈지 선택하게 됩니다. 그의 선택은 어디였을까요? 그는 어디도 선택하지 않습니다. 중립국으로 가기로 하죠. 남과 북 어느 쪽도 인간답게 살 수 있는 곳은 아니라고 생각한 것이죠. 실제로도 이명준처럼 남도 북도 아닌 중립국을 선택한 포로가 88명이 있었다고 합니다. 아마 그들도 남과 북 사이에서 이념의 모순으로 인한 상처를 입었기에 그런 선택을 했을 겁니다.

『난쏘공』은 전쟁 이후 시대의 이야기입니다. 전쟁이 끝나고 가장 중요했던 건 폐허가 된 나라를 재건하는 일이었습니다. 한국은 1955년 1인당 국민총생산이 65달러에 불과한 세계 최빈국 중 하나였지요. 그런 나라였으니 가난 탈출이 얼마나 중요한 일이었는지는 안 물어봐도 알 수 있겠죠. 그러니 1961년 쿠데타로 들어선 군사정권이 경제성장에 사활을 건 것도 이해할 수 있습니다. 불법적인 방법으로 집권했기 때문에 경제성장으로 정당성을 얻고자 한 것이죠.

군사정권은 전쟁을 치르듯이 경제개발 계획을 추진했습니다. 모든 국가정책을 중공업 발전과 수출 증대에 맞췄습니다. 노동자의 임금이 오르면 기업에 부담이 되므로, 저임금을 유지하기 위해 쌀 같은 곡물의 가격을 일부러 낮추었죠. 농촌에서 먹고살기 힘들어졌기에 자연히 많은 사람들이 도시로 향했고, 도시 노동자가 늘어나며 임금도 낮게 유지됐죠. 도시 인구가 급격히 늘어 주거환경은 매우 악화되었습니다. 많은 가난한 노동자들이 언덕 위나 공터에 판잣집을 지어놓고 살아갔지요.

『난쏘공』에 나오는 난장이 가족도 그렇게 살던 이들이었습니다. 난장이는 칼 갈기, 고층 건물 유리 닦기, 펌프 설치하기, 수도 고치기 등의 잡다한 일을 했고, 큰아들 영수는 중학교 3학년 때 학교를 그만두고 인쇄소에서 일합니다. 그 뒤 작은아들인 영호도 인쇄소에서 일하고, 막내딸 영희는 빵집에서 일하게 되죠. 영수는 그나마 여동생이 일하는 환경이 깨끗하다는 것 하나만은 고맙게 생각합니다. 중학생 나이 때부터 공장에서 일한다는 게 소설 속 이야기만 같겠지만, 그것은 현실이었습니다. 전태일이 일했던 평화시장 의류공장 여공女工들의 평균 나이는 15살이었다고 합니다. 그리고 매일 16시간씩, 주당 98시간을 노동하며 폐질환에 시달렸습니다. 전태일은 그런 참혹한 노동환경을 고발하기 위해 자기 몸을 스스로 태운 것이지요.

그러다 난장이 가족이 살던 동네가 재개발됩니다. 공터에 가난한 사람들이 짓고 살던 무허가 판잣집들을 밀어버리고 아파트촌을 건설하기로 한 것이죠. 철거반원들이 와 망치로 담벼락을 부수

1960년대 중반 서울 한남동 빈민촌의 모습. 난장이 가족들 같은 도시의 빈민들은 언덕배기 공터에 이런 집들을 짓고 살았지만, 재개발 사업으로 인해 철거당하고 다른 곳으로 쫓겨나는 일을 겪어야 했다.

는 와중에 난장이 가족은 집에서 마지막 식사를 합니다. "대문을 두드리던 사람들이 집을 싸고 돌았다. 그들이 우리의 시멘트담을 쳐부수었다. 먼저 구멍이 뚫리더니 담은 내려앉았다. 먼지가 올랐다. 어머니가 우리들 쪽으로 돌아앉았다. 우리는 말없이 식사를 계속했다." 실제로도 생계를 위해 밀려든 인구로 서울이 급격히 커지는 과정에서 이런 일이 빈번히 일어났지요. 대표적인 것이 1971년의 광주대단지(지금의 성남시) 사건입니다. 그때 서울의 재개발을 위해 빈민촌을 철거하고 그 사람들을 취업할 곳도 없고 상하수도 시설도 없는 허허벌판으로 내쫓아 살게 하는 바람에 폭동이 일어났습니다.

『난쏘공』의 시대는 계급이 급격히 분리되고 고착되어가던 시대였습니다. 『광장』의 시대에도 빈부격차는 분명히 존재했지만, 최상층을 제외하면 거의 전부가 비슷하게 가난한 세상이었죠. 그러나 『난쏘공』의 시대에서는 사회 계급 분화가 더욱 진행되어 재벌·전문직업인·중산층·하층노동자로 훨씬 복잡해졌습니다. 더 큰 차이는 착취 구조가 명백해졌다는 것입니다. 재벌들의 막대한 수익은 저임금과 과잉노동 덕분이었죠. 자본가가 노동자를 부림으로써 자본을 축적하고, 그것이 국가경제를 살찌우지만 정작 노동자는 그 성장의 과실에서 소외되고 맙니다.

이런 구조의 최하층에는 공장에서 일하는 노동자, 도시에서 허드렛일하며 생활을 꾸려가는 빈곤층이 자리합니다. 곧 '난장이' 가족들이죠. 살던 곳에서 쫓겨난 난장이 가족은 '은강'이라는 산업도시로 가서 살게 됩니다. 큰아들 영수는 그곳의 자동차공장에서 일하지요. 그는 팽팽 돌아가는 기계의 작업속도에 맞춰 진이 빠지게 일합니다. "구멍을 하나 뚫을 때마다 나의 상체가 파르르 떨었다. 나는 나사못과 고무 바킹을 한입 가득 물고 일했다. 구멍을 뚫기가 무섭게 입에 문 부품을 꺼내 박았다. (…) 혓바늘이 빨갛게 돋고, 입에서는 고무 냄새와 쇠 냄새가 났다. 양치질을 해도 냄새가 났다." 식사는 형편없어서 "날마다 보리를 섞은 푸석한 밥"에 반찬은 김치와 국뿐이었죠. 임금이 많기라도 했을까요? 회사는 줘야 할 돈도 떼먹습니다.

"전 지난 두 달 동안 매일 아홉 시간 삼십 분씩 일해왔습니다."

"그런데?"

"한 시간 반의 시간 외 근무수당이 빠졌습니다."

"자네만 빠졌나?"

"아닙니다."

"그럼 됐어."

딸 영희는 방직공장에서 일하는데, 기계 돌아가는 소리가 90데시벨이 넘어 청력 장애가 생깁니다. 그 공장에서는 밤샘 작업을 하다 누군가 졸면 관리자가 와 옷핀으로 살을 깊숙이 찔러 깨우죠.

그렇게 벌어들인 돈은 경영자, 공장장, 대기업 본사의 직원 등에게로 돌아가죠. 회사는 하급 노동자들은 비인간적으로 대우하면서 복지재단엔 거액을 기부하는 위선을 보이기도 합니다. 영희 회사에서 노동조합을 만들어 회사 측과의 교섭에 나섰을 때 노동자 대표는 이렇게 호소합니다. "산업 전선에서 일하는 사람들이 바로 저희 노동자들이에요. 다만 그 혜택을 우리에게도 돌려야 된다는 거죠. 건강한 경제를 위해 왜 저희들은 약해져야 합니까?" 이는 우리의 지난 현실에서 희생당한 노동자들의 목소리일 겁니다.

『난쏘공』은 자본주의 경제의 계급착취 문제를 절절하게 그려낸 작품입니다. 군사독재정권이 밀어붙인 경제발전 과정에서 노동자들은 맷돌에 갈리듯 갈려 나가지만, 누구도 그들을 돌보지 않습니다. 노동조합을 만들어 권리를 주장하려고 하면, 회사는 그들을 해고해버리죠. 국가도 회사의 편입니다. 군사독재정권은 오로지 경제발전과 정권의 안위에만 몰두해 모든 비판의 입을 막고, 노동자의 요구도 짓밟았습니다. 나라의 법률도 제 구실을 하지 못했습니다. 근로기준법처럼 노동자를 보호하는 법이 있기는 했지만, 무용지물이었죠. 회사가 근로기준법을 지키지 않는다고 고발을 해도, 사법의 칼날은 비켜갈 뿐입니다. 노동자들은 절망할 수밖에 없는 현실이었죠.

『광장』의 시대가 이념으로 서로를 가르고 생각이 다른 개인은 존재하지 못하게 만드는 사회였다면, 『난쏘공』의 시대는 한 사회

안에서 계급이 나뉘고 상층 계급이 하층 계급을 먹어치우는 사회였습니다. 『광장』의 시대에 시작된 남북 분단의 모순은 한쪽 이념을 철저히 탄압하는 사회 분위기를 만들었고, 『난쏘공』의 시대에 불거진 계급갈등의 모순은 오늘날까지도 심각한 불평등과 빈부격차로 나타나고 있지요. 이 두 가지 모순이 아직까지도 우리들을 짓누르고 있는 것이지요.

서술 기법의 차이

『광장』과 『난쏘공』은 소설의 작법으로 보아도 상당히 다릅니다. 『광장』은 정통 소설 기법이라 할 수 있습니다. 줄거리나 대화나 지문 등이 모두 일반적인 소설 작법을 따라 전개됩니다. 주인공과 다른 등장인물의 이름도 평이하고, 실제 지명을 그대로 씁니다. 그러기 때문에 독자가 실화라 느낄 정도로 이야기에 무리가 없습니다.

『광장』이 첨예한 이념과 사회, 그리고 개인의 문제를 정면으로 다룬 작품이지만 작가 최인훈이 소설을 발표한 1960년 10월 당시는 문학이나 대중 예술을 검열하거나 금서 목록을 만들거나 하는 일은 거의 없을 때였습니다. 4·19혁명으로 이승만 정권이 무너지고서 찾아온 자유로운 시기였기 때문이죠. 그러기에 작가는 『광장』의 내용 때문에 정치적 압박을 각오한다거나 할 필요는 없었지요. 이때만 하더라도 문학에서 표현의 자유는 폭넓게 허용되었습니다. 그리고 이 작품이 폭넓게 읽히면서, 해방 후의 분단과 전쟁을 다룬 수작으로 꼽히게 되었지요. 나중에도 이 작품이 정치적 문제가 된 적은 한 번도 없었습니다. 이후 군사정권이 들어서서 이념 탄압이 극심해졌을 때도 이 책은 무사할 수 있었습니다.

그러니 작가 또한 오로지 작품의 구성과 내용에 신경을 쓰며 자유롭게 창작할 수 있었을 겁니다. 자기검열을 하지 않아도 됐던 것이죠. 문학에서 은유나 상징 같은 표현의 기교들은 잘 쓰면 예술성을 풍부하게 하지만, 뜻을 모호하게 하는 부작용도 있습니다. 그러기 때문에 사회 현실을 다룬 소설에는 은유나 상징을 쓰는 것이 바람직하지 않습니다. 『광장』은 그런 뜻에서 아주 명료한 언어를 구사합니다. 그것이 작가의 의도를 가장 잘 살릴 수 있을 테니까요.

그런데 『난쏘공』은 아주 복잡합니다. 우선 형식부터 '연작소설'이라는 형태입니다. 곧 이 소설은 열두 편의 단편소설로 이루어져 있습니다. 각 단편소설은 하나로 독립된 모양이긴 하지만, 동시에 다른 소설들과 같은 세계관을 공유하고, 내용이 연결됩니다. 그러니까 연작소설의 하나인 「난장이가 쏘아올린 작은 공」에서 난장이 가족들은 살던 집에서 쫓겨나며, 「은강 노동 가족의 생계비」와 「잘못은 신에게도 있다」에서는 은강이라는 도시에서 공장 노동자로 힘들게 일하지요. 다른 소설들도 모두 큰 흐름 속에서 이어집니다. 그렇게 독립된 듯 이어진 12편의 소설들이 『난장이를 쏘아올린 작은 공』이라는 작품을 구성하고 있습니다. 그리고 각각의 단편들은 1976년 2월부터 1978년 여름까지 여러 잡지에 발표된 것들입니다. 그 잡지 가운데 『문학사상』, 『문학과지성』과 『세대』에만 한 작품 이상이 발표되고, 나머지 잡지들에는 딱 한 작품씩 실립니다. 그렇게 총 여덟 개 잡지에 실린 소설들을 모아 1978년 6월에 단행본으로 발간합니다.

연작소설 또한 연재소설이 그렇듯 대개 한 매체에 싣는 것이 보통입니다. 그래야 독자들이 맥락을 따라가면서 읽을 수 있죠. 그런데 작가인 조세희는 독특하게 독자가 겹치기 힘든 매체를 골라 싣습니다. 이것은 소설의 게재 방식부터 특별한 의도가 있는 겁니다. 그가 작가의 말에 밝혔듯이 "누가 작은 소리로 자유와 민주주의라는 말만 해도 잡혀가 무서운 고문을 받고 감옥에 갇히는" 시대에 잡혀가지 않고 글을 발표하는 방법이었던 겁니다. 그것은 "인간의 기본권이 말살된 '칼'의 시간에 작은 '펜'으로 작은 노트에 글을 써나가며 (…) 따뜻한 사람과 고통받는 피의 이야기로 살아 독자들에게 전달되지 않으면 안 된다는 생각"을 실현하기 위해서였죠. 그래서 일부러 주제의 초점을 분산하는 연작의 형태로, 자신의 의도가 독자들에게 무사히 전달될 수 있도록 한 것입니다.

이런 작가의 불안을 이해하기 위해서는 당시의 상황을 살펴볼 필요가 있습니다. 1972년 10월 박정희 정권은 영구 집권을 위한 '유신헌법'을 발표하고서, 아무런 눈치를 보지 않고 독재를 하게 됩니다. 대통령 직선제를 폐지하고, 박정희 대통령 지지자들로만 구성한 통일주체국민회의라는 걸 만들어 대통령을 뽑게 합니다. 법관들도 대통령이 임명할 수 있게 하죠. 그것도 모자라 '긴급조치'를 발동해 법에 상관없이 반대 세력을 잡아넣기도 합니다. 재판도 아예 군사법정에서 합니다. 밖에서 술이나 밥을 먹다 '민주주의'란 소리를 꺼냈다 잡혀간다는 것이 괜한 이야기가 아닙니다. 그런 상황이기에 작가는 이 글이 독자들에게 전달될 수 있는 방법을 고민했던 것입니다.

작품이 실린 매체들을 여기저기 흩어놓은 것만이 아닙니다. 서술에서도 비유와 은유를 많이 사용해서 깊이 생각하지 않으면 무엇인지 모르도록 초점을 흐립니다. 주인공으로 난장이를 등장시키고, 그네들이 사는 곳은 빈민촌이지만 이름은 '낙원구 행복동'이란 반어법을 씁니다. 그뿐만이 아니죠. 「뫼비우스의 띠」나 「클라인씨의 병」, 「우주여행」과 같은 제목들만 보면 SF소설들 같기도 합니다. 「난장이가 쏘아올린 작은 공」이란 제목은 마치 동화 같기도 하고요. 당대 현실에 대한 비판도 상징적이고 암시적으로 나타나지요.

전반적으로 소설의 분위기는 빈곤층, 판자촌, 철거민, 입주권의 전매, 열악한 조건의 공장, 노동운동, 공장의 굴뚝, 공장지대의 암울함 등과 같은 부정적인 이미지들이 주를 이루고 있지만, 상상력을 요구하는 낯선 이미지들과 어울려 무엇을 말하는지를 곧바로 알아채기 어렵습니다. 이런 것들을 빌미로 소설이 당시 노동 현실을 추상화했다고 비판하는 사람들도 있었지만, 작가는 그 엄혹한 시대에도 간접적으로라도 이런 이야기를 독자에게 전하고자 했던 겁니다. 어쨌든 『난쏘공』은 서정적인 제목과 동화책인가 싶을 정도의 그림을 표지로 하고 1978년 6월에 선을 보였습니다. 이런 여러 세심한 장치들 덕분인지 엄혹한 시기를 크게 주목받지 않고 건너갈 수 있었습니다. 그리고 이 책은 결국 그 시대를 대표하는 전설적인 작품이 되었지요.

이처럼 『광장』과 『난쏘공』은 쓰여진 시대의 차이로 인해 내용만 아니라, 표현에서도 큰 차이를 보입니다. 작가는 언제나 사회를 바라보고 그 현상을 성찰하여 작품으로 구성해내게 되지만, 시대적 상황과 작가의 성향에 따라 소설 내용과 형식에는 많은 차이가 생깁니다. 그런 차이들이 각각의 소설들을 다채롭게 만드는 것이지요.

인물 VS 인물

소설에서는 인물이 가장 중요합니다. 작가는 인물의 캐릭터를 조정하고 배정하여 이야기를 끌고 가고 주제를 드러냅니다. 『광장』과 『난쏘공』도 예외일 수 없지요. 『광장』에서 남북의 이념 갈등과 사회상을 드러내는 것은 주인공 이명준입니다. 『난쏘공』에는 특별히 정해진 주인공이 없는 대신 다양한 사회계층을 대표하는 여러 인물을 등장시켜 사회의 억압과 계급을 드러냅니다. 그렇지만 난장이 일가가 이야기의 중심 흐름을 이룬다고 할 수 있겠지요. 등장인물들의 캐릭터 설정은 『광장』과 『난쏘공』의 시대적 차이와 주제와 관련이 깊기에 두 책을 이해하는 데 유용합니다. 여기서는 『광장』의 주인공인 이명준과 그 아버지인 이형도를 『난쏘공』의 중심 캐릭터인 김영수와 그 아버지인 난장이와 비교해보도록 하겠습니다.

무력한 윗세대, 이형도와 난장이

이형도와 난장이가 작품에서 차지하는 분량은 그리 많지 않습니다. 특히 이형도는 고작 몇 페이지 정도만 등장할 뿐이죠. 하지만 이 둘은 두 소설이 다루는 사회를 살아가는 기성세대의 모습을 보여주기에 중요합니다. 그들 역시 아들 세대와 마찬가지로 당시의 사회적 모순에 처하지만, 그 모순을 대하는 태도는 아들들과 다르지요.

이명준의 아버지 이형도는 해방이 되고 월북하여 북한 정권에서 '민주주의민족통일전선 중앙선전책임자'로 일합니다. 상당한 고위직입니다. 이명준의 말마따나 "반일투사이며, 이름 있는 코뮤니스트"였으니, 배운 것도 많고 명망도 있는 인물입니다. 그렇지만 이명준이 북에 가서 해후했을 때 아버지는 이미 기대했던 혁명가의 모습이 아니었습니다. 그저 당이 명령하는 대로 행동하는 관료가 되어 있었죠. 그는 새로 재혼을 했는데, 상대는 이명준 나이 또래에 남편을 상전 모시듯 하는 구식 '조선 여자'였습니다. 한때 혁명을 추구한 이형도에겐 너무나 어울리지 않았죠. 그는 이제 "이상과 현실을 바꾸면서" 남쪽의 평범한 월급쟁이처럼 살아가고 있습니다.

이형도도 그런 삶이 잘못되었다는 건 느끼고 있습니다. 그래서 아들의 비난 섞인 눈초리를 계면쩍어하며 피하죠. 교조적인 북의 현실에 실망한 이명준이 아버지에게 거센 반항을 하며 북쪽과 아버지의 현재를 비난하지만, 이형도는 아무런 대꾸도 하지 않습니다. 그 역시 북한의 현실이 잘못되었다는 사실을 알고 있기에 그러는 것이겠지요.

이형도는 반일투사로 사회주의의 이념을 믿고서, 인민이 주인공이 되는 사회주의 국가를 만들기 위해 북으로 갔을 것입니다. 하지만 "자기 정권을 세운 기쁨으로 넘치는 웃음을 얼굴에 지닌 그런 인민"은 북한 사회에 없었습니다. 혁명의 정열은 사라지고, 이념은 사람들을 조종하기만 하는 헛된 것이 되었습니다. 이형도가 품은 이상은 이미 좌절된 것이죠. 그러나 그는 그런 현실에 순응하며 살아갑니다. 잘못되었다고 느끼지만 그로서는 뭘 어쩔 수가 없는 거지요. 반항하는 아들에게 밤에 조용히 가서 이불을 여며주는 것으로, 또 고위직의 자리를 이용해 아들을 휴양소에 보내주는 것으로 아들에 대한 미안함과 자신의 부끄러움을 감출 뿐입니다.

『난쏘공』의 '난장이'는 설정부터가 의미심장합니다. 왜소하고 무력한 난장이는, 곧 사회의 가장 밑바닥에 있는 계급을 상징한다고 볼 수 있습니다. 소설에서 난장이는 도시에서 여러 가지 잡일을 하며 살아갑니다. 하지만 평생 동안 일을 해도 삶은 나아지지 않습니다. 나이가 들며 그는 점점 쇠약해지고, 자식들도 학교를 그만두고 일을 하게 되죠. 그의 자식들은 난장이가 아니지만, 난장이(아버지)의 가난은 대물림되는 겁니다.

난장이는 언젠가부터 허황된 꿈을 꿉니다. 달에 가서 천문대 일을 보겠다는 꿈이죠. 그는 말합니다.

> "그래서 달에 가 천문대 일을 보기로 했다. 내가 할 일은 망원 렌즈를 지키는 일야. 달에는 먼지가 없기 때문에 렌즈 소제 같은 것도 할 필요가 없지. 그래도 렌즈를 지켜야 할 사람은 필요하다."
>
> "아버지, 도대체 그런 일이 가능할 것 같아요?"
>
> (…)
>
> "너희들은 내가 이 땅에서 끝까지 고생하다 바싹 마른 몰골로 죽기를 바라고 있지? 힘든 일에 눌려 허우적거리다 숨을 거두기를 바라

고 있는 것 아니냐?"

달로 가겠다는 난장이의 계획은 당연히 말이 되지 않지요. 하지만 그는 힘든 세상에서 계속 살아가기에 지쳤습니다. 평생을 열심히 일하고, 나쁜 일을 한 적도 없고, 간절한 마음으로 기도도 올렸지만 가난을 벗어나지 못합니다. 그렇다고 세상과 싸울 의지와 능력도 없지요. 그에게는 떠나는 길밖에 남지 않은 겁니다. 이 세상이 아닌 곳, 바로 달나라로 말이죠. 결국 그는 달로 가기 위해 굴뚝을 오르다가 떨어져 죽고 맙니다.

이형도처럼 난장이도 세상이 잘못되었다는 걸 알고 있습니다. 그러나 세상에 순응하며 살 수 있는 이형도와 달리, 난장이는 그렇지 못합니다. 두 사람의 계급이 현격히 다르기 때문이지요. 이 두 사람은 그들이 마주한 세상의 모순에 무력한 윗세대라는 점에서는 같지만, 그에 대응하는 방식은 서로 다를 수밖에 없었습니다.

세상의 모순에 부딪힌 이명준과 김영수

그들의 아들 세대 또한 당대 사회의 모순에 괴로워하기는 마찬가지입니다. 하지만 이들은 아버지들과는 대응이 다릅니다. 사회의 모순을 순순히 수긍하지 않고, 적극적으로 고민하고 맞서서 어떻게 해서든 자신만의 온전한 삶을 개척하려 애를 쓰지요. 그래서 우리는 이들을 통해서, 그 시대의 사람들이 무엇을 고민하고 바꾸려 했는지를 살펴볼 수 있습니다.

먼저 『광장』의 이명준은 분단된 땅에서 어느 쪽 사회에도 만족하지 못합니다. 남이나 북이나 잘못되었다고 생각하죠. 명준이 보기에 남한은 "비루한 욕망과, 탈을 쓴 권세욕"으로 오염된 사회입니다. "바늘 끝만 한 양심을 지키면서 탐욕과 조절은 피하자는 자본주의의 교활한 윤리조차 없"죠. 그래서 이명준은 "보람을 느끼면서 살 수 있는 광장"을 찾아 북으로 떠났던 겁니다.

이명준은 아버지를 만나고 무언가 새로운 세상에 대한 기대를 품었지만, 세상도 아버지도 그렇지 않았습니다. 아버지는 예전의 활기가 없어졌고, 역동적인 혁명의 물결이 넘치는 광장을 기대했지만 현실은 그렇지 않습니다. 그는 "이게 무슨 인민의 공화국입니까? 이게 무슨 인민의 소비에트입니까" 하고 절규하죠. 남쪽의 광장이 욕망으로 더럽혀진 곳이라면, 북쪽의 광장은 영혼 없는 사람들이 떠도는 허무한 곳입니다.

이명준도 그를 둘러싼 사회에 무력하기는 마찬가지입니다. 그러나 그는 현실을 체념하고 수긍한 아버지와 달리 계속해 다른 길을 찾습니다. 그는 답을, 보람된 삶을 찾아 방황하는 지식인 청년입니다. 그가 처음 찾은 답은 사랑이었죠. 이명준에게 사랑이란 언제나 이념과는 무관한 밀실의 도피처입니다. 포로가 되어 다시 한 사회를 선택해야 할 때는 중립국을 택합니다. 하지만 중립국으로 가는 배에서도 갈등이 벌어지고 다시 아웃사이더가 되며, 자신이

거제포로수용소에 갇힌 포로들의 모습. 6·25전쟁 중 10만 명이 넘는 북한군과 중공군 포로가 이곳에 수용되었다. 전쟁이 끝나고 이들 중 송환을 희망한 이들은 북으로 보내졌고, 송환을 거부한 이들은 석방되었다. 소수지만 이명준처럼 중립국을 택한 이들도 있었다.

어디에도 속할 수 없다는 걸 깨닫고는 자살하고 말죠. 그는 결국 바라는 걸 찾지 못하고 맙니다만, 그의 방황은 시대의 모순에 대한 그 나름의 싸움이었다고 할 수 있겠지요.

『난쏘공』의 김영수는, 열심히 공부해서 어른이 되면 공장 노동자가 아닌 더 나은 직업을 가지고 싶어 하죠. 옆집의 소꿉친구 명희와도 그러기로 약속했지만, 현실에서는 신분 상승을 이룰 방법이 없습니다. 영수는 어려서부터 부근의 인쇄공장에 나가서 일하기 시작합니다. 그래도 공장에 다니며 자신이 인쇄하는 글들을 읽으면서 무어라도 배우려 합니다. 공부를 해서 언젠가는 이 궁벽한 처지를 벗어나려고 말이죠. 그렇지만 집이 철거당하고, 집 주변 공장에서는 사장에게 더 나은 대우를 요구하다가 해고당해 다른 공장에 취업조차 할 수 없게 됩니다.

아버지가 죽고 영수는 식구들을 데리고 은강으로 이주합니다. 은강은 새로이 생겨난 공업단지로 공장들이 즐비한 잿빛 도시입니다. 은강에서 3남매는 각자 직업을 찾았고 어머니까지 일했지만, 살기는 여전히 빠듯합니다. 올곧은 영수에게 은강에서의 삶은 불합리와 암울함 투성이입니다. 경영자들은 악랄했고, 노조는 노동자의 편에 서지 않고 경영자에게 붙은 어용노조였습니다. 영수는 노동자들을 새로 조직하고, 싸우기로 하지요. 그러나 회사 측의 방해 공작에 뜻을 이루지 못합니다. 영수는 “협박도 수없이 받고, 폭행도 당했고, 병원에도 입원했었고, 구류까지 살았”습니다. 혼자 힘으로 자본가와 힘으로 대항하기가 불가능하다고 여기게 되자 다른 방법을 찾습니다.

영수는 은강에 있는 모든 공장의 지배자인 은강그룹 회장을 죽이기로 결심합니다. 자신의 탐욕을 위해 다른 사람들을 짓밟는 잘못된 세상을 그냥 둘 수 없었던 것이죠. 영수로선 그것이 유일한 저항 수단이었는지도 모릅니다. 악덕 자본가를 죽이면, 죽기 싫어서라도 노동자들 착취를 그나마 덜 하리라 생각했을 수도 있지요. "그분은, 인간을 생각하지 않았습니다." 이것이 영수가 법정에서 밝힌 살해 동기입니다. 결국 그는 사형 언도를 받고 형장의 이슬로 사라집니다. 참혹한 노동 현실에서 깨어 있던 노동자의 최후였습니다.

영수의 처지는 아버지 난장이와 다를 바 없었지만 세상을 살아가는 방식은 차이가 큽니다. 난장이는 불합리한 세상에 좌절하며 환상에 빠져들었지만, 아들 영수는 현실에서 이겨내려 노력합니다. 결국 원하는 바를 이루지 못하고 암살이란 극한적인 방법을 택하지만, 선택을 후회하지 않고 담담하게 받아들입니다. 노동자 전태일의 분신자살처럼 온몸으로 불공평한 세상과 맞서서 자신의 몸을 던진 것이지요. 작가가 영수를 통해 독자에게 전하고자 하는 메시지도 '현실과 맞서 적극적으로 투쟁하라'였을 겁니다.

이런 영수의 삶을 『광장』의 이명준과 비교해볼까요? 이명준이 상류층 지식인이라면, 영수는 사회 밑바닥의 노동자죠. 『광장』이 이념의 문제를, 『난쏘공』이 계급과 착취의 문제를 다루었기에 그렇게 설정했을 겁니다. 또한 『광장』에서 이명준은 자신을 둘러싼 세상을 거부하고 탈출하는 식으로 대응하지만, 『난쏘공』의 영수는 정면으로 부딪쳐 싸우지요. 이는 아마도 관념적인 인물과 현실적인 인물의 차이, 그리고 한 사회 안에서 어쩔 수 없는 분단이라는 배경과 한 사회 안에서 해결해나갈 수 있는 불평등이라는 배경의 차이일 겁니다.

『광장』과 『난쏘공』의 시대는 끝났는가

『광장』과 『난쏘공』의 시대는 그 내용은 다르지만 모두 암울한 비극의 시기였습니다.

『광장』의 시대에 남쪽은 가진 자와 권력 잡은 자들의 약탈과 사기가 횡행하는 무질서하고 부도덕한 사회였고, 북쪽은 교조적인 이념이 지배하여 집권층의 강요만이 횡행하는 사회였습니다. 그 두 사회가 으르렁거리다 전쟁이 벌어지고 사람들은 이도 저도 할 수 없는 고통을 겪습니다. 『난쏘공』의 시대는 맹목적인 경제발전으로 치닫던 때입니다. 그러나 그 대가로 수많은 노동자들과 하층민은 고통을 당합니다. 민주주의는 무너지고 국가는 서슴없이 폭력을 행사합니다. 빈부격차는 날이 갈수록 벌어지고 노동자들의 삶은 나락으로 떨어집니다. 부동산 투기로 부자는 더욱 부자가 되고, 가난한 사람은 살 집 마련조차 힘듭니다.

오늘을 살아가는 우리는 『광장』의 시대도, 『난쏘공』의 시대도 지나갔다고 생각할지 모릅니다. 그렇지만 그 시대에 시작된 사회적 모순들은 지금 우리에게도 여전히 영향을 미치고 있습니다. 비록 지금은 '좌우 이데올로기의 대립'이나 '개발독재' 같은 이야기를 별로 하지 않지만, 그것들은 여전히 비틀린 모습으로 우리 사회에 남아 있지요.

좌익과 우익의 이데올로기가 우리에게 이미 소멸된 명제 같지만 그렇지 않습니다. 북한과 종전 선언을 하고, 평화조약을 맺으려는 것 자체가 여전히 그런 대립이 끝나지 않았다는 증거이죠. 북한 정부나 공산주의와의 연관성을 들어 처벌하는 '국가보안법'이라는 법률이 존재합니다. 지금도 '친북' 또는 '종북'이라는 딱지는 사람들을 옭아매지요.

'개발독재'도 다르지 않습니다. 지금 나라의 경제와 사업을 쥐락펴락하는 재벌들은 대개 그 개발독재 시절에 기반을 쌓았습니다. 그리고 지금은 노동조합과 같이 노동자 권익을 지키는 기구가 있고, 정부에서도 이를 감시해서 노동자 권익이 예전보다 훨씬 나아졌지만, 여전히 보호받지 못하는 사각지대가 있고, 부당한 취급을 받는 노동자들이 있습니다. 특히 비정규직의 노동은 보호를 받지 못해 여러 문제를 일으키기도 하죠. 산업재해로 죽는 사람들도

1년에 2000여 명이 넘습니다. 아직도 '개발독재의 여진'으로부터 벗어나야 한다는 목표는 진행중인 사항일 뿐입니다.

이렇듯 우리의 현재 삶은 '이념 대립'과 '개발독재'를 거쳐온 수많은 상황들이 쌓여 이루어진 것이고, 그래서 자세히 보면 그 시절의 모순과 상처들이 여전히 남아 있음을 볼 수 있습니다. 지금의 삶을 이해하기 위해서는 앞의 시대를 이해해야 하는 것이지요. 이것이 우리가 여전히 이 작품들을 읽고 새겨야 하는 이유일 겁니다.

8장

이보디보 VS 내 안의 물고기

진화론의 완성을 향하여

진화론의 완성을 향하여

이보디보—생명의 블랙박스를 열다
통합 생물학을 위한 기초 닦기

내 안의 물고기
화석과 유전자의 통합 연구

진화가 새겨진 증거물

진화론은 찰스 다윈이 『종의 기원』이란 책으로 제시했을 때는 하나의 학설이었지만, 150년 동안 많은 생물학자들이 진화의 증거를 보충하여 이제는 흔들리지 않는 지위를 확보한 이론이 되었습니다. 아직도 진화론에 허점이 있다며 종교의 교리를 빌어 창조론을 주장하는 사람이 없는 것은 아니지만, 그것이야말로 헛된 이론일 뿐이지요. 이제 진화론은 지구 위 생물의 탄생과 변화를 체계적으로 설명할 수 있는 유일한 과학 이론입니다.

다윈은 탐사선 비글호를 타고 세계의 곳곳을 다니며 많은 동·식물을 관찰하면서 진화론을 구상할 수 있었습니다. 다윈은 비글호의 박물학자로 일하며 동·식물의 표본을 만들고, 화석 수집과 같은 일을 수행했지요. 그리고 세계 각지를 다니면서 같은 종의 생물들이 환경에 따라 달라진 모습을 관찰할 수 있었습니다. 그는 돌연변이와 자연선택이라는 개념을 도입해 진화론을 제시했지요.

진화론 초기에는 화석이 가장 큰 증거였습니다. 오랫동안 모래나 흙이 쌓여 생기는 퇴적암에는 그 당시 살던 동물들이 화석으로 남는 경우가 더러 있는데, 운좋게 그 화석이 있는 지층이 밖으로 노출되어 발견되면 옛날에 살았던 생물들의 모습을 알 수 있었죠. 학자들은 화석에서 발견된 과거의 생물과 지금의 생물들을 비교하면서 진화 과정을 유추해갔죠. 이렇게 화석을 연구하여 옛 생물을 추적하고 진화의 과정을 밝히는 학문을 고생물학이라 합니다. 고생물학은 진화론의 첫번째 열쇠였다고 할 수 있겠습니다.

그런데 그것만으로는 빈틈이 많았습니다. 화석 증거는 한계가 있다는 것이 한 가지 문제였죠. 화석은 만들어지기 위한 조건이 까다롭습니다. 다른 생물로부터 사체가 훼손당하지 않은 채 지층에 묻혀야 하고, 또 썩어서 완전히 없어지지 않아야 하죠. 또 화석이 만들어졌다 해서 전부 발견되는 것은 아니기에, 화석 증거들로 완전한 진화의 계통을 확인할 수는 없습니다.

유전이 어떻게 일어나는지도 의문이었지요. 윗세대의 형질이 아랫세대로 전해지는 것은 알았지만, 어떻게 그렇게 되는지는 몰랐습니다. 다윈과 비슷한 시기에 멘델이 유전법칙을 발견하고, 유전자라는 개념을 제시하긴 했지만 당시로선 증명이 되지 않았지요. 그러다 시간이 흘러 분자 기술이 발달하면서 세포의 핵 안에서 DNA를 발견하고, 모든 생명체가 이 물질을 통해 자신의 형질을 후대에 전한다는 사실을 알게 됩니다. 곧 조상의 모습을 자손에게 전달하는 열쇠를 찾은 것이죠. 이 유전학의 발달은 진화론을 한층 도약시켰습니다.

DNA란 염기라고 불리는 네 가지 분자(아데닌, 구아신, 시토민, 티민으로 각각 A, G, C, T로 표시합니다)가 일렬로 쭉 이어진 사슬이라고 할 수 있습니다.(정확히는 한 쌍의 사슬이라서 '이중나선'이라 불리죠.) DNA의 사슬 중 특정한 배열로 늘어선 염기들이 유전정보를 담게 되는데 이를 유전자라고 합니다. 비유하자면 DNA는 네 개의 알파벳으로 쓰여진 '암호책'이며, 유전자는 그중 의미 있는 정보를 담은 단어 내지 문장인 것이지요. DNA의 발견 이후 DNA의 구조와 작동법을 알기 위해 분자생물학이 발전했고, 각기 다른 생명체의 유전자를 해독하고 이들 유전암호의 세부적인 기능을 밝히려는 연구가 잇따랐습니다.

그러나 여전히 문제는 남았습니다. 생물의 형태가 "어떻게 변화하는지, 이를테면 화석으로 남아 똑똑히 눈에 보이는 극적인 진화가 어떻게 일어났는지 꼬집어 설명할 수는" 없었지요. 유전자의 변화가 '어떻게' 형질의 변화를 가져오는지를 몰랐기 때문이죠. 예를 들어 우리 인간의 조상들은 꼬리가 있었습니다. 인간에게 있는 꼬리뼈가 그 증거죠. 유전자에 뭔가 변화가 생겨서 꼬리가 사라졌을 텐데, 그 변화의 정체를 몰랐던 겁니다. 어떤 유전자가 어떻게 작용하기에 꼬리가 있기도 하고 없기도 하는 걸까요? 이처럼 유전자가 어떻게 작용하여 실제로 생물들의 다양한 형질을 만들어내는지는 계속 수수께끼였습니다. 물고기의 지느러미가 육상동물의 팔다리로 변한 변화나, 육상동물의 팔이 새의 날개로 변한 것을 설명하려면 이런 유전자의 작동 메커니즘을 알 필요가 있었지요.

이 문제를 해결하기 위해 발생학이 들어옵니다. 정자와 난자가 만나 수정란이 된 후 새로운 개체를 만들어내는 것을 연구하는 학문이지요. 발생학은 한동안 진화론과는 관련이 없었습니다. 그저 수정란이라는 하나의 세포가 분열하고 다양해지면서, 성체로 되어가는 과정을 연구하는 분야였죠. 하지만 유전자가 어떻게 작동해서 구체적인 형태를 만들어내는지 알기 위해서는 발생 과정을 들여다봐야 했습니다. 눈을 만드는 데 관여하는 유전자, 팔다리를 만드는 데 관여하는 유전자, 폐를 만드는 데 관여하는 유전자 등등이 배아가 성장할 때 어떻게 작용하는지를 연구한 것이지요.

그런데 발생 과정에서 특정 신체기관이 생겨나는 데 관여하는 유전자들이 서로 다른 종에서도 똑같다는 사실이 발견됩니다. 예컨대 사람의 배아에서 눈을 발생시킬 때 작동하는 유전자와 쥐의 배아에서 눈을 발생시킬 때 작동하는 유전자가 똑같았던 거죠. 더 놀라운 건 초파리의 눈도 같은 유전자가 작동해서 발생한다는 점이었습니다. 서로 다른 종이 같은 유전자를 공유한다는 건 결국 이들이 같은 뿌리에서 나왔다는 걸 의미하죠. 발생학이 진화론을 설명해주는 또 하나의 중요한 도구가 된 것입니다.

간단히 살펴봤듯이 오늘날의 진화론은 여러 가지 다양한 학문 분야가 함께 생명의 역사와 비밀을 밝히는 통합 학문으로 발전하고 있습니다. 이렇게 합쳐진 학문을 진화발생생물학Evolutionary Developmental Biology이라고 부르죠.(영문 앞 글자를 따서 '이보디보'라고 부르기도 합니다.) '진화'와 '발생'을 두 축으로 해서 고생물학·유전학·분자생물학·생태학 등이 그 안에 포함되어 있죠. 진화발생생물학은 생물학의 통섭을 이끄는 최신 학문이자, 진화론의 완전판이라고 할 수 있습니다.

『내 안의 물고기』와 『이보디보—생명의 블랙박스를 열다』(이하 『이보디보』)는 생물학과 진화론의 이런 흐름을 보여주는 교양서입니다. 그리 오래된 건 아니지만 이미 진화론의 성과를 알리는 중요한 저술로 꼽히고 있으며, 현대의 고전으로 인정받고 있지요. 『내 안의 물고기』를 쓴 닐 슈빈과 『이보디보』를 쓴 션 캐럴은 각각 뛰어난 업적을 일궈낸 과학자들로 둘 다 진화발생생물학 연구와 보급에 앞장서고 있습니다.

하지만 차이점도 있습니다. 닐 슈빈은 본디 고생물학자로 화석 연구를 주로 하다가 배아와 DNA 연구까지 나아가며 진화발생생물학을 받아들였습니다. 그래서 『내 안의 물고기』은 고생물학을 기본으로 해서 설명을 전개합니다. 다루는 주제들도 골격이나 신체 장기처럼 화석으로 확인할 수 있는 해부학적 구조의 진화와 같은 것이죠. 반면 션 캐럴은 분자생물학 연구에서 진화발생생물학으로 연구 범위를 옮겨간 생물학자입니다. 그래서 그의 『이보디보』는 설명이 더 종합적이고, 유전자에 대한 이야기가 더 많이 나옵니다. 또 나비 날개의 무늬나 얼룩말의 무늬, 동물들의 털색처럼 화석으론 확인이 안 되는 부분의 진화도 다루고 있습니다. 결국 가고자 하는 방향은 같지만, 다른 출발지와 경로를 거쳐 합류해가고 있는 셈이지요. 이 두 책을 통해서 어떻게 그런 만남이 이뤄지는지를 살펴볼까요.

화석과 유전자의 만남

지구 위 모든 생물의 시작은 바다에서부터였습니다. 지구의 역사를 연구하는 지구과학자들은 지구는 탄생 초기에 불덩어리였고, 그 뒤 한참 동안까지도 지금과 같은 대륙은 없었다고 추측합니다. 그리고 차츰 지구가 식어 대기에 있던 모든 물이 비로 내려 바다가 만들어지고, 마그마가 솟아 만들어진 현무암 지각에 화강암이 올라오면서 대륙이 만들어졌다고 보지요.

지구의 생명도 그 바다에서 시작했습니다. 물론 시초는 생명이라 해도 요즘의 식물·동물과 같은 생명체가 아닌 아주 미세한 단세포 생물이었죠. 그렇게 눈에 보이지도 않는 작은 생물들만 살던 바다에 거의 25억 년이 훌쩍 지나고, 5억6000만 년 전 얕은 바다에는 육안으로 확인할 수 있을 만한 새로운 생물들이 넘쳐나기 시작했고, 이내 바다는 온갖 생물들의 각축장으로 변했습니다.

그런 가운데 바다에서 척추동물인 어류가 진화했고, 이들이 육지로 상륙을 시도합니다. 육상 진출을 시도한 물고기가 육지에서 살려면 적응해야 할 것이 한둘이 아닙니다. 우선 아가미로 호흡하던 걸 공기 호흡으로 해야 하고, 움직이려면 물에서 헤엄치던 지느러미 대신 다른 도구가 필요합니다. 이런 과제를 해결하며 물고기들은 결국 육상 진출에 성공했고, 그래서 물과 육지 둘 다에 살 수 있는 양서류가 등장했습니다.

물고기의 육상 진출은 우리처럼 육지에 살고 있는 포유류에게는 존재를 가능케 한 중대 사건이라고 할 수 있습니다. 그러면 물고기에게 어떤 진화가 일어났기에 이런 일이 가능했을까요? 그 진화의 흔적은 화석과 DNA에 모두 남아 있어서 우리는 그 과정을 알 수 있습니다. 먼저 화석의 경우를 보겠습니다.

닐 슈빈은 고생물학자이기 때문에 화석을 찾아다닙니다. 어류와 양서류 사이 중간단계에 있는 화석을 발견하려면 어디를 찾아봐야 할까요? 양서류가 발견되는 가장 오래된 지층(약 3억6500만 년 전)과, 양서류는 없고 평범한 어류만 발견되는 가장 나중의 지

틱타알릭의 화석(위)과 화석을 토대로 그린 복원도(아래). 틱타알릭은 에스키모인 이누이트족 말로 '커다란 민물고기'라는 뜻이다. 틱타알릭은 어깨, 팔뚝, 손목이 있어서 '팔굽혀펴기'를 할 수 있었을 거라고 하는데, 그 동작은 육지에서 몸을 들어 주위를 살펴보기 위해서 필요했을 것이다.

층(약 3억8500만 년 전) 사이의 지층을 탐사하면 될 겁니다. 어류가 진화해서 양서류가 된 것이기 때문에, 3억8500만 년 전~3억6500만 년 전 사이의 지층에서 중간단계의 물고기 화석이 나올 것이라는 추측은 타당해 보입니다. 닐 슈빈은 이렇게 적절한 계획과 행운에 힘입어 중간단계의 물고기 화석 '틱타알릭Tiktaalik'의 발굴에 성공합니다.

틱타알릭의 모습은 명백히 어류가 육상동물로 진화하는 단계를 보여줍니다. 등에 비늘이 있고 물갈퀴가 달린 지느러미가 있지만, 위팔과 아래팔이 있고, 심지어 손목에 해당하는 뼈와 관절도 있지요. 초기 육상동물처럼 머리가 납작하고 목이 있습니다. 이 새로운 구조들은 그 이후의 종들이 제대로 육상생활을 해낼 수 있는 바탕이 되었습니다.

가령 목에 관한 진화에 대해 닐 슈빈은 이렇게 이야기합니다. "틱타알릭 이전의 모든 물고기들은 두개골과 어깨가 일련의 뼈들로 연결되어 있어서 몸통을 돌리면 반드시 목도 돌아갔다. (…) 틱타알릭의 머리는 어깨와 떨어져 자유롭게 움직인다. 이런 구조는 양서류, 파충류, 조류, 포유류, 그리고 인간이 공유하는 특징이다." 이처럼 육상생활에 필요한 특징이 어떻게 나타나고, 그 후대의 생물들이 공유하는가를 따져가는 식으로 진화를 구성하는 학문이 바로 이 고생물학입니다.

한편, 이렇게 화석에 나타난 육상동물의 진화는 유전자 차원에서는 어떻게 설명이 될까요? 틱타알릭 화석으로 우리는 어류의 지느러미가 팔로 바뀌었다는 걸 알았습니다. 그렇다면 어류의 지느러미를 만드는 유전자가 변해서 육상동물의 사지를 만드는 유전자로 되었으리라 짐작할 수 있습니다. 두 생물이 수정란에서 성체로 커갈 때 어떤 유전자가 지느러미와 사지 발생에 관여하는지 확인하고, 그 유전자들을 비교해보면 그 점을 확인할 수 있을 겁니다. 그래서 닐 슈빈의 연구실은 정확히 반으로 나뉘어 "절반은 화석을 연구하고 나머지 절반은 배아와 DNA를 연구"합니다. 그렇게 여러 방향의 연구를 통해 진화에 대해 보다 완전한 앎을 얻고자 하는 것이죠.

구체적인 연구 내용은 다소 복잡한 이야기가 되므로 결론으로 바로 넘어가봅시다. 우리가 얼핏 생각하기에, 지느러미를 만드는 유전자와 육상동물의 사지를 만드는 유전자 사이엔 엄청난 차이가 있을 것 같습니다. 그러나 놀랍게도 두 유전자에는 큰 차이가 없습니다. 닐 슈빈의 연구실에서는 홍어와 상어(가장 원시적인 어류들입니다)를 살펴보았는데, 닭이나 쥐에서 발가락을 발생시키는 유전자가 홍어에서는 지느러미를 발생시켰습니다. 이 발생 유전자는 물론 인간에게서도 같은 기능을 합니다. 심지어 닭에서 발가락 발생을 지시하는 물질을 홍어에 넣었을 때도 똑같은 효과를 발휘했습니다.

이런 획기적인 발견은 유전자에서 극적인 변화가 있어야만 생

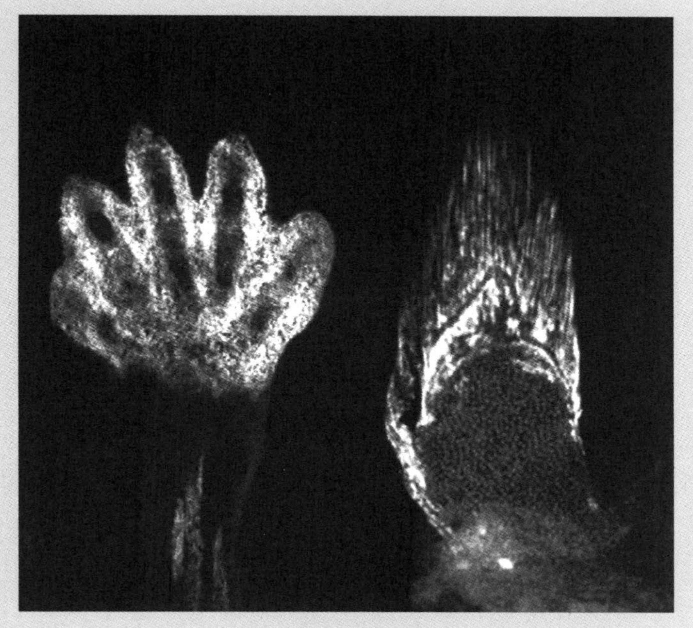

연구자들은 쥐의 배아에서 손발가락을 만드는 유전자가 발현하는 부위에 형광 처리를 해서 관찰했다. 그 부위는 예상대로 손가락과 발가락으로 발달했다.(왼쪽) 다음으로 연구자들은 제브라피시에서 동일한 유전자가 발현하는 부위에 형광 처리를 한 뒤 관찰했더니 지느러미로 발생하는 것을 확인할 수 있었다.(오른쪽). 이는 포유류의 손발가락과 어류의 지느러미를 만드는 데 같은 유전자가 관여하고 있음을 보여준다.

물의 형태가 변하는 건 아니라는 사실을 보여줍니다. 지느러미가 긴 뼈와 마디로 된 발과 손으로 변하는 데는 유전자 자체의 변화가 아니라 유전자 '조절 기능'의 변화만으로 가능했던 것이지요. 그에 따라 그런 기능을 담당하는 '조절 DNA'가 새로 주목받게 됩니다. 션 캐럴은 "이를 오래된 유전자에게 새 기술을 가르쳐 새로운 발명을 해내는" 것이라고 표현합니다. 실제로 팔다리만이 아니라 눈, 심장, 체절體節, 신체 대칭 구조, 신호 전달 단백질 등을 담당하는 여러 유전자를 대부분의 생물들이 공유하고 있습니다. 이는 어류와 곤충에서 인간에 이르는 다양한 생물들이 실제로 한 조상에서 나왔다는 사실을 웅변해줍니다.

이 정도면 왜 오늘날 생물학이 예전처럼 한 가지 분야만 파지 않고, 다양한 학문들을 통합해 연구하는지 알 수 있을 겁니다. 고생물학은 화석을 발견하고 화석에 나타난 변화의 양상을 해석하여 진화의 역사를 추적한다면, 발생학과 유전학은 그런 진화를 가져온 유전자를 조사하고 현존하는 생물들의 다양한 특징들이 어떻게 나타났는지 살펴봅니다. 그런 공통 연구를 통해 생명의 과거와 현재가 만나고, 더 많은 지식과 통찰을 얻을 수 있는 것이지요. 『내 안의 물고기』와 『이보디보』는 각기 다른 스타일로 이 새로운 통합 생물학의 발견과 통찰을 전달해줍니다.

진화를 이해하기 위한 도구들

이 두 책이 통합 생물학과 진화론의 가장 참신한 이야기를 다루고 있다는 건 이야기했습니다. 그래서 같은 사례도 많이 등장합니다. 『이보디보』를 읽고 『내 안의 물고기』를 읽든, 그 반대로 읽든, 두 책을 다 읽는다면 '어 이거 그 책에서도 나온 건데' 하고 알아볼 내용이 많을 겁니다.

하지만 두 책의 내용이 다 같다면 따로 소개할 필요도 없겠죠. 두 책 사이의 교집합이 크긴 하지만, 각각 특화되어 설명하는 부분들도 있습니다. 저마다 새롭게 알려주는 내용이죠.

『내 안의 물고기』는 고생학자가 쓴 책답게 화석 발굴에 얽힌 이야기가 꽤 비중 있게 나옵니다. "적절한 연대의 암석들이 있는 장소를 찾고, 다음으로 화석을 보존하기에 적합한 종류의 암석들을 찾는다. 마지막으로 암석들이 표면에 노출된 장소를 찾는다. 여기에 행운이라는 요인이 추가된다." 이게 저자가 말하는 적당한 화석 발굴지를 찾는 기본 방법입니다.

구체적으로 들어가 최초의 육상동물을 찾고자 한다면 과거에 얕은 바다나 강가였던 지형을 살펴봐야 할 겁니다. 생물이 물에서 육지로 올라왔다는 건 알고 있으니까요. 또 용암이 굳어서 생긴 화산암보다는 퇴적암을 조사해야 합니다. 용암에 사는 물고기도 없을뿐더러, 초고온의 환경에서는 뼈들이 다 녹아버릴 테니까요.

같은 이유로 대리석 같은 변성암도 건너뜁니다. 형성된 뒤 초고온·초고압을 겪은 암석들이니까요. 그리고 아스팔트로 뒤덮인 땅은 발굴할 수도 없으니 인간의 틈입과 교란이 적은 지역을 택해야 합니다. 마지막으로 현실적 제약도 고려해야 하죠. 발굴지로 그린란드나 사하라사막이 적절하더라도, 돈과 시간이 많이 드니 쉽게 갈 수 없습니다. 저자는 고생물학자들이 이런 식으로 발굴 후보지를 골라내는 방법을 설명해줍니다. 또 북극의 얼음 틈 사이나, 황무지의 암석에서 화석을 캐내는 실제 스토리도 담겨 있어 실감 나기도 하죠.

한편 『이보디보』에는 유전자의 작동방식에 대한 이야기가 보다 자세하게 담겨 있습니다. DNA가 뭔지, 또 RNA는 뭔지, 유전정보의 해독이란 뭔지 등에 대한 기초 정보들을 탄탄하게 다져주지요. "DNA, RNA, 단백질의 관계는 이렇다. DNA는 RNA를 만드는 주형이며 RNA는 단백질을 만드는 주형이다. DNA에 저장된 유전정보는 두 단계를 거쳐 단백질로 해독되는 셈인데, 세포와 신체 내에서 실제 업무를 해내는 것은 단백질들이다. (…) 유전자 정보를 해독하는 첫 단계는 전사轉寫 과정으로, '메신저 RNA mRNA'가 DNA 분자 중 한 가닥과 상보하는 염기서열을 전사한다. 두번째 단계는 그렇게 만들어진 mRNA가 단백질로 해독되는 과정으로서, 번역이라고 불린다." 저자는 DNA가 RNA를 통해 단백질 제조를 지시하는 과정을 꼼꼼하게 설명해줍니다.

전문적인 용어도 많이 나오긴 하지만, 이 내용들은 생물학의 기초에 해당하므로 알아두면 굉장히 유용합니다. 어떤 생물학 관련 내용을 보든 이런 기초를 알고 나면 훨씬 이해가 쉽죠. 일례로 새로 개발된 코로나19 백신은 mRNA를 활용했다고 하는데, mRNA가 뭔지 안다면 그 백신의 작동원리를 잘 이해할 수 있겠지요. 설명이 다소 어려워 보여도 체계적으로 잘 되어 있으니, 끈기를 가지고 읽는다면 많은 도움이 될 겁니다.

『내 안의 물고기』에서는 해부학적인 분석도 중요합니다. 『이보디보』에서도 인간·새·거북이·소의 팔다리 구조가 기본 설계상 동일하다고 언급하지만, 『내 안의 물고기』는 그 구조가 어떤 식인지까지 더 자세하게 설명하지요. "팔다리가 날개이든, 물갈퀴이든, 손이든 상관없다. 팔의 상완골이나 허벅지의 대퇴골처럼 먼저 한 개의 뼈가 있고, 거기에 두 개의 뼈가 관절로 연결되며, 거기에 또 작고 둥근 뼈들이 여러 개 붙어 있고, 마지막으로 손가락이나 발가락이 연결된다. 모든 팔다리의 구조에 이 패턴이 깔려 있다." 이처럼 『내 안의 물고기』는 여러 동물들의 신체 구조를 해부학적으로 분석하고 유사성과 차이점을 비교하는 서술을 상대적으로 많이 담고 있습니다.

『이보디보』는 그보다는 그런 신체구조가 유전자의 작용으로 어떻게 빚어지는지에 집중하고 있지요. 수정란이 분열을 시작해서 구획이 나뉘어 몸과 머리가 구분되고, 척추가 생기고, 내장기관이 생기고, 팔다리가 생기고 하는 과정을 멋진 사진과 함께 자세하게 알려줍니다. 사람들이 흔히 새 생명이 잉태되어 탄생하는 것을 가리켜 '생명의 신비'라고 표현하는데, 우리는 이 책을 통해 그 '신비'가 어떻게 일어나는 건지를 과학적으로 이해할 수 있습니다.

마지막으로 한 가지 알아둘 점이 있습니다. 이 두 책이 서로 상대 책이 다루지 않는 내용을 담고 있다고 해서, 저자들이 그 내용들을 모르는 건 아니라는 사실입니다. 다만 보다 익숙한 내용을 중심으로 쓰다 보니, 그리고 책에서 설명하고자 하는 바가 다소 다르기 때문에 자연스럽게 달라진 것이죠.

기초부터 응용까지

『이보디보』와 『내 안의 물고기』의 가장 큰 차이는 책의 목적과 전개 방식에 있습니다.

『이보디보』는 책 제목에서 드러나듯이(이 책의 영어 부제는 "이보디보의 새로운 과학과 동물계의 형성"입니다) 진화발생생물학(이보디보)이라는 새로운 통합 생물학의 내용을 대중들에게 설명하는 것이 목적입니다. 그래서 1부와 2부로 나뉜 구성 중 1부에서는 이보디보의 기초적인 개념과 원리를 다루고, 2부에서는 이보디보가 다양한 동물 형태(몸, 사지, 무늬, 색깔, 날개, 그리고 인간의 뇌와 마음까지)의 진화를 어떻게 풀어내는지를 보여주죠.

전반부에서 나는 무대를 마련하는 기분으로 발생에 대한 네 가지 핵심적 개념들을 소개했다. 동물 구조의 모듈성, 동물을 만드는 데 필요한 유전자 툴킷, 배아의 지리학, 배아에서 툴킷 유전자의 활동 좌표를 결정하는 유전자 스위치였다. (…) 앞으로 펼쳐지는 장들에서 우리는 이보디보의 능력을 느낄 수 있을 것이다. 먼 과거를 꿰뚫어 오래전에 멸종한 동물 선조의 모습을 그려내는 능력을, 동물 역사에서 가장 극적인 일화들을 설명하는 능력을 접할 것이다.

이런 내용 전개에 따라 독자들은 이보디보가 어떤 것이고 얼마나 대단한지, 그리고 왜 앞으로 생물학 교과서는 이보디보를 반영해서 다시 쓰여야 하는지를 속속들이 알게 되지요. 과학철학자 마이클 루즈가 이 책의 저자 션 캐럴에 대해 "다윈이 오늘날 전세계의 수많은 과학자들 가운데 한 명을 골라 하룻밤의 대화를 나눈다면, 션 캐럴만큼 적당한 사람은 없을 것이다"라는 찬사를 보낸 것도 그런 이유에서겠지요.

『내 안의 물고기』는 이와는 다른 접근법을 취하고 있습니다. 이 책의 독특한 제목은, 우리 인간의 몸은 먼 옛날 물고기로부터 이어져온 것이며 지금도 물고기와 같은 특질들을 공유하고 있다는 의미입니다. 저자의 표현에 따르면 "사람은 개조된 물고기"라는 것이죠. 저자의 목적은 인간의 신체가 어디서 어떻게 유래했는지, 그 기원을 밝히는 데 있습니다. 사지, 이빨, 머리, 신체의 기본 설계, 세포 결합, 코와 후각, 눈과 시각, 귀와 청각 등이 주된 탐구대상이죠. 그것들의 기원은 4억 년 전의 물고기를 지나 수십억 년 전 단세포 생물에까지 이어집니다. "우리 안에 물고기와 벌레와 박테리아가 존재한다"는 것이지요. 그 설명에는 당연히 진화발생생물학의 여러 개념과 원리가 동원되지만 활용하는 방식은 다릅니다. 우리 인간이 얼마나 깊게 과거와, 그리고 현존하는 다른 동물들과 이어져 있는지 보여주는 게 이 책의 목적이기 때문입니다. 그래서 『이 보디보』와 같은 내용일지라도 사뭇 다른 느낌으로 음미할 수 있습니다.

『내 안의 물고기』의 주제를 가장 명확히 보여주는 건 마지막 장의 내용입니다. 그 장에서는 과거의 생물로부터 진화했기 때문에 우리가 겪는 크고 작은 불편함을 소개하지요.

이를테면 딸꾹질은 우리가 물고기에서 양서류를 거쳐 진화했기 때문에 생기는 일입니다. 딸꾹질은 호흡을 통제하는 신경들 중 한두 개가 발작을 일으켜 횡경막이 수축되며 숨을 들여마시고, 그에 대한 반사작용으로 성문(목구멍 뒤쪽에 달린 날개 같은 조직)이 기도 윗부분을 막아 '딸꾹' 하는 소리를 내는 현상입니다. 호흡을 통제하는 신경은 뇌와 척수 사이에 위치한 뇌간에서 나오는데, 문제는 원래 뇌간이 물고기의 호흡을 통제하는 데 쓰였다는 점입니다.

물고기의 뇌간과 아가미는 가까이 붙어 있어서 신경회로가 짧고 간단합니다. 하지만 인간의 뇌간과 횡경막은 거리가 멀고 그 사이에 장기도 많아 신경이 구불구불 돌아서 연결되죠. 그만큼 신경이 뭔가 문제를 일으켜 발작이 생길 가능성이 높은 겁니다.

호흡 후 기도가 닫히는 반사 작용은 양서류에서 유래했습니다. 올챙이는 아가미와 폐를 동시에 사용해 호흡하는데, 아가미로 호흡할 때는 폐로 물이 들어가는 것을 막으려고 성문으로 기도를 막습니다. 우리는 지금 폐로만 호흡하지만 여전히 이런 반사작용이 남아 있는 거지요. 딸국질은 인간의 몸은 처음부터 효율적이고 합리적으로 설계된 것이 아니라, 기존 생물의 몸을 이리저리 바꿔가며 만들어진 진화의 산물이라는 사실을 분명히 보여줍니다.

그런데 깊게 따지고 보면 『이보디보』의 목적도 『내 안의 물고기』의 목적과 이어지게 됩니다. 션 캐럴이 진화발생생물학이라는 다소 생소한 학문을 독자들에게 알리고자 하는 이유는 뭘까요? 그것은 진화발생생물학이 진화의 증거를 확연히 보여주고, 진화의 의미를 잘 설명해주기 때문이죠. 곧 지구상의 모든 생명체들은 먼 과거부터 이어져왔으며 서로 친척 관계라는 걸 알게 해주기 때문입니다. 결국 "다윈이 말한 '무수히 다양한 형태들'이 과거에 어떻게 생겨났으며 지금 어떻게 만들어지고 있는지" 설명하는 것이 진화론의 목적이며, 진화발생생물학의 목적인 것입니다.

새로운 진화의 시대

화석과 유전자는 겉보기로는 완전히 다른 별개의 것입니다. 서로 유사한 점은 하나도 없으며, 이 둘이 서로 관련된다는 것을 도무지 알기 어려웠습니다. 하나는 설계도였고 다른 하나는 설계도에서 나온 물건이라 할 수 있겠죠. 그러나 설계도가 너무 작고 암호로 되어 있어 우리가 알 수 없었습니다. 그래서 분자생물학자들은 그 설계도를 읽는 데만 매달리고, 고생물학자들은 실제로 만들어진 물건을 찾는 데만 매달려왔습니다. 그렇지만 이 설계도를 읽을 수 있게 되자 더 많은 것들이 보입니다. 사라지거나 멸종한 우리의 조상도 보이고, 화석에 나타나지 않은 것들도 볼 수 있습니다. 그리고 가장 중요한 것은 진화가 이루어지는 방식을 이해할 수 있게 되었다는 점입니다.

서로 따로 떨어져 있던 화석 연구와 유전자 연구는 오늘날 이렇게 하나로 통합되고 있습니다. 션 캐럴과 닐 슈빈은 그 대단한 일에 대해 이렇게 이야기합니다.

> 지금으로부터 십여 년 전만 해도 분자생물학자, 즉 나처럼 실험실에 박혀 DNA를 갖고 노는 '실내형' 학자들과 고생물학자, 즉 이국적인 장소들을 여행하여 바위에서 고대의 보물을 발굴하는 '야외형' 현장학자들은 서로 남이나 마찬가지였다. 공통점이 거의 없었기 때문에

만나는 일도 없고, 사귈 일은 더더욱 없었다. 서로 다른 교육 과정을 밟았고, 대학에서도 다른 학부에 속하는 게 보통이었으며, 다른 과학 저널들에 연구를 발표했다.

이제는 이 모든 것이 바뀌었다. 이제 고생물학자들은 혹스 유전자에 대해 이야기하고, 분자생물학자들은 문장에서 '캄브리아기' 같은 단어까지 서슴없이 사용한다!(『이보디보』)

1980년대 초에는 분자생물학자, 생태학자, 해부학자, 고생물학자처럼 유기체 전반을 연구하는 연구자들 사이에 긴장감이 흘렀다. 분자생물학자는 해부학자를 시대에 뒤떨어진, 케케묵은 과학 분야에 가망 없이 매달린 사람으로 보았다. 분자생물학은 해부학과 발생생물학의 낡은 접근법들을 혁신하던 중이었고, 이제 고생물학 같은 고전 분야는 생물학의 역사에서 막다른 골목인 것처럼 여겨졌다. (…) 20년이 지난 지금, 나는 아직도 먼지구덩이를 파헤치며 바위를 쪼개고 있다. 한편으로는 DNA를 수집하고, DNA가 발생 과정에 한 역할을 탐구한다.(『내 안의 물고기』)

생물학 통합의 거대한 흐름에 완전히 다른 분야처럼 여겨졌던 고생물학과 분자생물학도 함께 합류하고 있습니다. 다른 분야는 말할 것도 없겠죠. 이 새로운 흐름은 앞으로 지구상 생명의 역사와 우리 몸의 비밀을 밝혀낼 것입니다. 그 성과로 암 치료제나 바이러스 백신의 개발, 유전병의 치료법도 알게 되겠지요. 『이보디보』와 『내 안의 물고기』라는 두 책을 통해 그 통합의 모습을 여러분이 살펴보기를 권합니다.

참고도서 소개

※ 이 책에서 다룬 고전 중에는 여러 출판사에서 다양한 번역으로 나온 것들도 있는데, 필자가 참고한 책과 그 이유를 소개한다. 한 출판사에서만 나온 책들은 기본 서지사항만 적었다.

1장 파브르 곤충기 VS 시튼 동물기

『파브르 곤충기』와 『시튼 동물기』는 검색해보면 엄청나게 많은 책이 나온다. 그렇지만 대부분은 줄거리만 따서 새로이 각색한 어린이책이기 십상이다. 그런 책들은 너무 각색되어 사실 앙리 파브르나 어니스트 시튼의 이름을 붙이기 어려운 것들도 많다. 이 글에 나온 인용은 아래 책을 참고한 것이다.

- 『파브르 곤충기』(장 앙리 파브르, 정석형 옮김, 두레)
- 『시튼의 동물 이야기(전9권)』(어니스트 시튼, 장석봉 외 옮김, 궁리)

이 가운데 『파브르 곤충기』는 발췌본이다. 곧 전체 번역은 아니고 골라서 번역한 책이다. 현암사에서 10권 전집을 전문가가 완역한 책이 나와 있지만, 전집을 읽는 것이 부담스러울까 염려해 발췌본을 택한 것이다. 가능하면 완역본을 읽는 것이 좋지만 부득이한 경우면 발췌본을 읽으라는 뜻이다. 『시튼 동물기』는 완역이 가능한 것인지도 알 수 없다. 워낙 많은 종류가 있기 때문인데, 궁리출판사의 책은 가능한 한 시튼 시대의 책을 구해 원문을 번역한 책으로 시튼의 작품은 거의 망라한 것이다.

2장 맹자 VS 군주론

맹자의 『맹자』와 니콜로 마키아벨리의 『군주론』은 오래된 고전인 만큼 여러 번역본들이 있다. 너무 많아서 일일이 열거할 수 없을 정도다. 그러나 여기서는 아래 책을 권한다.

- 『오늘을 읽는 맹자』(임자헌 옮김, 루페)
- 『군주론』(마키아벨리, 강정인·문지영 옮김, 까치글방)

『오늘을 읽는 맹자』를 권하는 이유는 완전한 현대어로 풀어서 번역했기 때문에 읽기가 쉽다는 장점 때문이다. 동양 고전의 번역서들은 대부분 번역되지 않는 한자어를 그대로 두기 때문에 한자에 익숙하지 않은 세대들이 어지간한 참을성 없이는 읽기 쉽지 않다. 『군주론』 또한 엄청나게 많은 판본이 있다. 그러나 강정인·문지영 번역본이 원문에 충실한 번역이라고 평이 좋고, 또 읽기에도 편하다. 어떤 번역서에는 비르투(역량, 재능 등의 의미)나 포르투나(운, 행운 등의 의미)와 같은 마키아벨리의 핵심적인 용어들을 그대로 썼는데 전문가 입장에서는 그럴 필요가 있는지 모르지만, 일반인이나 청소년이 읽기에는 불편하다.

3장 총, 균, 쇠 VS 사피엔스

- 『총, 균, 쇠』(재레드 다이아몬드, 김진준 옮김, 문학사상사)
- 『사피엔스』(유발 하라리, 조현욱 옮김, 김영사)

4장 어린 왕자 VS 허클베리 핀의 모험

마크 트웨인의 『허클베리 핀의 모험』과 앙투안 생텍쥐페리의 『어린 왕자』는 번역본이 많은 책들이다. 특히 『어린 왕자』는 100여 종이 넘는다고 한다. 이 많은 종류 가운데 어느 것을 선택할지는 쉽지 않다. 다만 어린이용 책이면 줄이고 각색한 것이라 보면 된다. 이 글에 참조한 책은 아래와 같다.

- 『허클베리 핀의 모험』(마크 트웨인, 박중서 옮김, 현대문학)
- 『어린 왕자』(앙투안 생텍쥐베리, 황현산 옮김, 열린책들)

『허클베리 핀의 모험』은 마크 트웨인 특유의 흑인 영어, 말장난, 비속어 등을 적절히 번역한 책을 선택했고, 『어린 왕자』는 필자가 좋아하는 번역가를 골랐다. 번역본이 너무 많아 비교해보는 것조차 불가능했다.

5장 인권 선언 VS 공산당 선언

「인권 선언」은 짧기에 별도의 책으로 나온 것이 아니라 대개는 프랑스 대혁명을 서술하는 책에 나온다. 「공산당 선언」은 조금 길지만 이를 다룬 책들은 역시 선언문과 해제를 같이 싣고 있다. 번역 가운데 호불호에 대한 의견들도 많고, 해제의 차이도 있지만 이 두 선언 모두 아주 오래전부터 번역되어온 것이라 의미의 차이보다는 문체의 차이가 있다고 생각한다. 이 글에서는 아래 책들을 참조했다.

- 『프랑스 혁명에서 파리 코뮌까지, 1789~1871』(노명식 지음, 책과함께)
- 『세계를 뒤흔든 공산당 선언』(데이비드 보일, 유강은 옮김, 그린비)

6장 삼국사기 VS 삼국유사

김부식의 『삼국사기』와 일연의 『삼국유사』는 번역본이 꽤 있을 것 같지만 완역본은 많지가 않다. 이 책에 참고한 책은 아래 두 권으로 비교적 읽기가 쉽다.

- 『삼국사기 1, 2』(김부식, 이강래 역주, 한길사)
- 『사진과 함께 읽는 삼국유사』(일연, 리상호 옮김, 까치)

7장 광장 VS 난장이가 쏘아올린 작은 공

- 『광장/구운몽』(최인훈 지음, 문학과지성사)
- 『난장이가 쏘아올린 작은 공』(조세희 지음, 이성과 힘)

8장 이보디보 VS 내 안의 물고기

- 『이보디보—생명의 블랙박스를 열다』(션 캐럴, 김명남 옮김, 지호)
- 『내 안의 물고기』(닐 슈빈, 김명남 옮김, 김영사)